小學教室的日常力

著◎賴秋江 × 林用正

繪◎王秋香

別鬧了，
學這些又不會考

王彥嵒（高雄市新上國民小學校長）

我是一個小學校長，巡視校園、關心課堂是對自己工作的基本要求，每當我行經班級教室，一間間好似獨立且互不相犯的教室王國，我總試著用期待的心情想發現各班老師是否又有令人驚奇的教室活動。

而秋江老師的班級總令人驚豔，有如百貨公司一般的精采，圖表、字卡、剪貼、隨時移動討論的課桌椅、諄諄細語的小閱讀角、屏風區隔的小餐桌、隨著時令變化的主題布置與學生自由設計、創作中不知要幹嘛反正很有趣的紙箱……更別說數位互動電視螢幕上激烈辯論的有趣圖文，這些都是這位鬼點子老師的秀場，只是演出者是一群完全願意向不一樣生活挑戰冒險的孩子。

她透過許多令人拍案叫絕的點子，一步步帶領這群孩子實踐責任、創意、自信、禮儀、研究、合作、共學、美學……最重要的是，孩子們對於自己的美好未來與未知世界，產生了極大的探索欲望，這是極為成功的班級經營典範，就發生在我所服務的學校裡，令人驚嘆不已，時時更新，處

處進化。

終於，秋江老師將這些驚奇點子化為文字出版，字字珠璣，句句精采，每個好點子都回歸到人的基本素養來省思討論，賦予了教育活動最核心的價值定義。這些好點子，可能很難變成考卷裡的乏味題目，讓學生考出高低成績，評定當下的學習成效，但是我確信，秋江老師的學生，面對未來一定不會被人生考倒！

我真的沒鬧，這些點子可能不會考，但是很重要！很重要！很重要！讀下去就知道！

小學日常開外掛──
你的班級經營有「潮」感嗎？

宋怡慧（名作家／丹鳳高中圖書館主任）

教育就是當一個人把在學校所學全部忘光之後剩下的東西。

——愛因斯坦

你相信有一本班級經營的祕笈，可以讓你秒懂班級孩子的心思與感受嗎？甚至，可以讓你輕鬆為孩子形塑「帶著走的能力」？

現在，秋江老師 x 用正老師聯手出擊，從他們的文字脈絡，你會窺見兩人為孩子蹲低的身影，那是適性揚才的柔情蜜意。你會學到強而有力的策略，那是兩人永不放手的韌性堅持。

我覺得秋江老師的腦中是藏有創意珍珠的，只要一彈指的流光，就能串接吸睛有眼的教學魔法。用正老師教學不只有活力且超給力，讓課室洋溢創意、瀰漫暖意。

《小學教室的日常力》兩人發揮 1+1 大於 2 的合框實力，神隊友的互相補位，有系統、有脈絡的爬梳多元班級經營可實踐的班級活動與課

程——不管是日常活動基本盤的設計，抑或是多元閱讀課程的進行，均巧妙的融入素養元素，有了「Book E young」的知識引導，循序漸進的幫孩子搭建自學探索力，讓學生在教室的日常，耳濡目染的培養未來解決問題的關鍵能力，達到成就解鎖 ING 的喜悅。

你羨慕笑聲連連的班級課堂嗎？

你期待師生共學的學校日常嗎？

這本書一次送給你有料的班經眼，還有兩位老師不藏私的把班級經營的「眉眉角角」開外掛，讓你創意超展開——從直播主，自造客，Foodpanda 等流行用語的潮風，融入班級經營與語文教學的日常。

如果你想把看見變成實踐，兩位老師「手把手」的傳遞班級經營魔法，不只劇透課堂經營的魔法，還用兩張實用視覺系圖表，讓你可以按圖索驥，找到班經升級的有效運作。

《小學教室的日常力》的設計編排不只貼心又時髦，也方便讀者使用，從清楚可行的方針與步驟，輕鬆轉化到課堂進行有感實作，讓你不再困擾班級學生不受控，師生距離很遙遠，狄德羅說過：「有了真正的方法，還是不夠的；還要懂得運用它。」兩人一次把小學日常開外掛，讓你班級經營有趣、有情、有潮感。

融合現代與傳統的教學魂──
語文教育推手林用正

陳文俊（屏東市中正國民小學校長）

　　和用正老師共事三年多，他是年輕活力、思維綿密、行動力活躍的新一代師者典範。資深如我的老師們總是會說：「我已經有二、三十年教學經驗」……但是，在他身上我發現，其實我們是：一種教學經驗用了二、三十年的大齡老師罷了。隨著時代轉動，教育典範的轉移，E化世代的興起，新課綱的修訂，自詡為專業教師的我們，必須與時俱進，隨時代升級更新，就好像用正老師的教學行為一樣：**面對問題→融入時代要素的系統思考→具現代感的解決策略→自省與改進。**

　　有人說：「科學是突發奇想，進而帶來人類科技與文明。文學是奇思妙想，進而創造人類哲學與偉大思想。」我在用正老師身上看見這兩個特質：突發奇想與奇思妙想，而且創造出現代感的教學步驟與有囝仔緣的學習歷程。

　　在《小學教室的日常力》，用正老師從「日常軌跡」中看見學習樂趣〈讓你秒懂我〉；從「新時代刺激」中看見學習需求〈Foodpanda上線〉；

從「突發的危機」找到學習契機〈我省思，我驕傲〉……他的教學設計，從平凡中融入現代感元素與儀式感歷程，由此而成就不平凡，激發孩子自主自學的學習動機，讓孩子沉浸於快樂有感的氛圍。用正老師說：連「站立省思」也是需要搭鷹架，讓孩子有脈絡的呈現起因、過程和結果……這就是身為人師有系統思維的教學行為。

在〈用才藝做公益〉的結尾，用正老師引用《小王子》作者聖修伯里的話：「如果你想要造一艘船，你要做的不是請大家一起找木頭、分配工作，跟下令誰該做什麼。取而代之，你應該做的是，勾起大家對浩瀚無垠的大海產生渴望。」我想用正老師做到了：燃起學習熱情、在傳統教學中融入時代元素、讓孩子成為教室的主人，且讓教與學成為是一件快樂美妙的事。

《小學教室的日常力》付梓，讓用正老師的教育理想化做具體教學活動，紀錄與傳承著他心中那份對教育的美好與想像。深深祝福此書猶如滴水漣漪，締造善的循環一圈一圈又一圈……

推薦序

教室日常出發，
原來素養不必「高大上」！

溫美玉（名作家／全臺最大教師社群「溫老師備課趴」創辦人）

被動參與社團課，不如自己組社團，招募同學當社員！

善用班級臉書社群，讓孩子當「直播主」的網紅體驗！

上那麼多才藝班，不如「用才藝做公益」，學以致用又助人！

在《小學教室的日常力》一書中，你將看到秋江及用正兩位老師，如何「拐個彎」解決班級經營痛點；如何深入執行教室日常行程，並跨足到「素養」？

我將書中案例分為以下三類：

一、教室痛點

老是忘記課本或文具？不主動為班上付出？不愛午睡？愛打小報告？

成立「清潔大隊」激勵孩子清理教室；扣自己努力賺的「獎勵代幣」跟老師借學用品；當個「創客」解決牙刷亂擺問題……。兩位老師告訴你，不必「嘮叨說教」，你也可以化解令人頭痛的大小事！

二、日常行程

在學校，每天都有逃不掉的既定行程，例如：早自修、午餐、午休、打掃等。該怎麼讓流程順利進行，進一步深化成有用的教學？

你將看到精采的「誰來午餐」課程，孩子自己籌畫菜單、營養午餐創意擺盤、邀請「神祕嘉賓」一起用餐……。既定的午餐時間，竟一次打包規劃合作、藝術設計、人際溝通等多元能力！

三、節慶活動

校慶、聖誕節、學期末、畢業前夕……，如何好好利用這些活動？製作「冠軍錦旗」，提升校慶士氣兼顧創意設計；畢業前夕來個「未竟事務願望清單」，讓孩子學會不只「作夢」，還能有條理的執行夢想。跟著兩位老師的教學策略，你將發現處處暗藏「跨科素養」的巧思在當中！

貼心的是，各章節有「素養教學眉角」提醒實施時可能遇上的狀況，該怎麼應對；「補充包請 +1」還告訴你更多應用或簡化策略。跟著本書，讓你安然走過兵荒馬亂的教室日常，教出能規劃執行、應變溝通、解決問題的孩子！

推薦序

班級經營 2.0——
經營素養班級，成就素養學生

楊裕貿（臺中教育大學圖書館館長）

　　看了秋江老師的自序，猛然發現自己也是看她的書長大的。她一定在心裡 OS：「拜託，怎麼可能？」是這樣的，過去好長一段時間自己帶大四學生「國民小學教學實習」課程，備課時，自然要準備理論與實務的相關資料，她的大作就在還不認識她的情形下進了我的架上。沒想到，日後真有緣分認識了兩位作者，進而拜讀大作，甚至有幸為他們寫序。

　　本書的兩位作者——秋江老師、用正老師都是用心經營班級的好老師。兩位老師積累了二十多年的教學經歷，不拘泥傳統的班級經營模式，自創機杼，設計許多令人驚豔的班經技巧，從期初到期末，從日常到特殊的創意發想，無不用心。閱讀過程中，眼睛為之一亮，好幾次發出讚嘆。不僅有個別項目的分享，還有同領域深化、跨領域整合學習、新議題探究……等豐富主題，每一篇都有其設計巧思，且在實踐後不藏私，一一在書中有系統、有步驟的揭示，不僅可以讓新進教師蕭規曹隨、按圖索驥，快速掌握班級經營的方向，更可以提供想要改善或提升班級成效的師長，一條新

的取徑，創造新的可能。

　　雖說「教育之道無他，唯愛與榜樣」而已。然而，如果沒有好的經營理念與方法，空有愛與榜樣，未必能經營好一個班級。新課綱強調素養教學，兩位老師運用各領域「知識」，結合生活情境、時事議題，培養學生口語與寫作表達、創作、探究等「技能」，並在師生互動中培養良好、正確的「態度」，將素養落實在班級上，讓每天的日常變得新鮮有趣又有意義，這樣的班級──讚啦！

這個年代——
故事，就是品牌

　　每個作家都有自己的代表性作品，在許多教育界夥伴眼中，《教室HIGH課——班級經營100招》儼然是經典代表作。雖然這本書已出版超過二十年了，但下次見到我本人時，可以別再說「我從小看你的書長大……」，或許改成「我從教書開始，就是看你班級經營的書呵！」這句話，更令人喜悅！

　　從長銷的《教室HIGH課——班級經營100招》、針對小一到小六「創意班經」及「閱讀策略」的《我們這一班》，再到這一本《小學教室的日常力》，這三本書可以一窺二十二年來班級經營的軌跡與改變！

　　以前，我的班經策略著重在「家族企業化」及「個人品牌」上，因為不同的老師真的會帶出風格迥異的班級，我也深信當每個老師有自己獨有的「個人品牌」時，你就能得到更多的支持與信任，畢竟這個「品牌」是需要時間與經驗的累積！

　　這幾年，我又賦予班級經營一個「故事力」，有了故事的班經活動，孩子會喜愛、期待、記憶並分享，而爸媽也能同步感受故事中的魔力。

　　像書中的〈誰來午餐〉每一集上演都有很強的親子祕密故事力；〈開社團囉！〉中的每個社團都有著堅定的學生共學故事力；〈老師的小北百貨〉每一次也都有著精采的師生互動故事力……，太多太多的故事發生在教室的任何一個角落，每一個故事都值得分享，更值得被記憶。

　　或許，當你開始解鎖，你會發現看似日常的班級內存在著許多動人的故事，這些故事會一直的上演或重映，你的教學力會不斷的提升，學生的生活力也將被你無限的激發出來成為日常！

　　有故事的班級，有故事的教學活動，真的很有故事力！

　　有天，終將變成──日‧常。

閱讀，晴天的浪漫微雨；
寫作，雨天的放恣微光

時序進入夏季六月，學期就要進入尾聲，我喜歡坐在咖啡店，打開自己的教學部落格，逐一「回味」自己的教學，從中反思：孩子學到了什麼？我的教學是否有成效？想著下一次進行類似的教學，如何讓課程更加有趣、有效、豐富。

從初出茅廬走入教職，十年一晃眼就過了，待過北部和南部的學校，經歷規模不同的大校、小校，不同的生態淬煉出如鑽石般的多元教學。我努力朝著夢想狂奔，備課、教學、試教都試著玩出新意，也許是身為水瓶座所獨有的異想天開，我總是想把腦中最好玩的想法落實於教學，走入教室後，迫不及待想帶著孩子一起體驗，那種悸動如蝶翩舞，了然於心。我很喜歡一句話：「**不管做什麼，不要急於回報。因為播種和收穫不會在同一個季節，中間還隔著一段時間，它叫──堅持。**」謝謝自己堅持成為孩子的生命沃土，讓每株小苗都在充滿活力的教學中長大。

我的班級經營中，以「閱讀與寫作」為主軸，因為閱讀是最棒的療癒，

寫作是最好的表達。閱讀時，我們可以學習同理；寫作時，我們可以闡述觀點，這樣的自由閱讀與書寫創作，在潛移默化中涵養語文之美。在這本書中，我很喜歡「行動圖書館」這個概念，孩子透過閱讀寫作來與學弟妹進行互動，介紹著自己辛苦創作的繪本，當他看著對方的眼神，原來自己是如此被需要，孩子的成就感油然而生。當我們將學習層次提拉至「創作」的階段，孩子的學習就越「素養」，撤除過多的背誦記憶，以創作來提升學習力與動機，點燃孩子心中的學習火光。常聽到一句話：「不要用過去的知識，教現在的孩子，適應未來的生活。」改變是夢想的顏色，當孩子在課堂中動起來，最美的互動會形成教室裡最唯美的風景，我們一起動起來吧！孩子的微笑，不就是老師心中最棒的答案嗎？

這本書從 108 課綱出發，以核心素養來培養學生成為終生學習者，讓老師可以輕鬆進行素養教學。所謂的素養教學，我常以一句簡單的話來概括：「素養教學就是學以致用。」在班級裡所舉辦的各式活動，從領域教學出發，搭配不同的生活情境來變化，讓孩子綜合應用自己所學來解決問題。孩子在不同的學習嘗試中，豐厚了羽毛，老師教給他們的方法與策略，會讓他們飛得高，望得遠，翱翔在自己的一片天。

閱讀，晴天的浪漫微雨；寫作，雨天的放恣微光，都是教學中的美麗瞬間，那一刻，走慢了我的時間，感動終將永恆。

目錄

🧩 PART3
語文活動神助攻

PART4
自我解鎖ING

教室日常力快速解鎖

這是一本
關於「班級經營」的日常，
也關於「語文教學」的日常，
更是關於新課綱「素養」的生活日常。

因為是日常，所以更重要，
當你將這些日常都能掌握在手中時，
你就能輕鬆面對與處理
教室中的日常大小事，
讓學生擁有素養生活的日常力！

秒懂圖表

　　這裡呈現了二張跨頁圖表，分別是「小學教室的功課表」與「用時間走進班經的日常」。這兩張圖表是將書中的每個活動整合在一起，讓老師透過另一種目錄形式快速找到自己所需要的活動，秒懂活動實施的最佳時間點。

一、小學教室的功課表

　　這裡以一日功課表的方式來呈現，從上學、早自修、上課到下課，接著午餐、下午課程到放學。老師可能會面對到的班經問題，或是可融入國語、綜合或校訂課程的活動，都直接放進課表中，讓老師跟著一天時間走班經，快速解決常見問題。

二、用時間走進班經的日常

　　這裡是以一學年的時間軸方式來呈現，從暑假師生充電開始，然後轉到開學備戰模式，上學期接寒假再到下學期，最後再進到另一個暑假。老師可以實施的活動，將最適合實施的時間點一一呈現上去，讓老師跟著一學年時間走活動，快速建立班級品牌。

篇章解說

　　本書共分4+1部分，包含「班級經營基本盤」、「素養活動很日常」、「語文活動神助攻」、「自我解鎖ING」及「彩蛋發想」。

　　每個老師帶一個班級，最重要的莫過於先把班級經營好，之後的教學與活動只要順水推舟而下，就會輕鬆上手許多。因此老師可以依循下列的使用方式來操作，相信面對新課綱的「素養」，你就能快速解鎖，提升教室中的日常力。

一、班級經營基本盤

在開始解鎖本書前，不管你是新手老師，還是教了10年或20年的資深老師，務必先進到「班級經營基本盤」中看看瞧瞧，跟著「一天時間」走規劃，可以讓你把基本的班級經營先做好，俗話說「先求有再求好！」就是這道理。

跟著時間軸是個有系統的方式，老師可以快速不遺漏的把一天班經的基本盤先做好。顧好這基本盤，你就可以更輕鬆的進入接下來的上、下篇共25個「日常活動」，開始素養解鎖ING。

二、上篇：「素養活動」很日常

此篇共有13個活動要解鎖，以班級經營為主，採一學年的時間軸方式來排序，從一開學的〈選填班級內閣〉到最後的〈期末大健檢〉。

而活動性質有班級日常性活動，也有班級特色性活動，如〈老師的小北百貨〉、〈開社團囉！〉；活動的規模大小，有一次性活動，也有學期系統性活動，如〈教室就是夜市〉、〈誰來午餐〉。當然更有現在流行的〈我是直播主〉、〈自造客動手玩設計〉等活動，老師都可依自己帶班特性與班級屬性，選擇適合的活動經營出自己的班級風格，變身日常。

三、下篇:「語文活動」神助攻

此篇共有12個活動要解鎖,以語文及閱讀教學為主,跨域綜合、生活及校訂課程。從一開學自我介紹的〈讓你秒懂我〉到最後的〈最懂你的就是我〉,統統結合語文力。

此篇的亮點是以語文閱讀教學為主,但仍扣緊了班級經營,讓老師在班級經營的同時,也能結合語文與閱讀,如〈教室公投〉、〈閱讀格子趣〉及〈行動繪本館〉。在整個活動教學後,提升學生的語文能力與閱讀美力!當然,現在流行的〈Foodpanda上線囉!〉、〈我省思,我驕傲〉也都呈現在此篇,讓老師藉由語文力神助攻自己班級經營,也讓語文與閱讀變成日常。

四、自我解鎖ING

這是一個專門設計給閱讀者(玩家)自我解鎖的賓果遊戲,賓果卡中包含了上下篇共25個活動。每當玩家將一個活動解鎖成日常後,就能將此格圈起來,最後玩家可以檢視自己一學期共完成了幾條賓果連線;或是玩家自我挑戰完成全部「賓果12連線」需要的時間。透過賓果遊戲,是一種玩家激勵自我的挑戰。也期待透過「揪團好友」的方式,一同賓果達成12連線,一個人雖走得快但難免孤單,不如「揪」一群人走得遠,解鎖路上也熱鬧!

因此,一切遊戲規則,玩家請自行決定!

五、彩蛋發想

電影或故事總有彩蛋讓觀眾期待與驚豔,小學教室的日常中當然也藏有彩蛋,不過這顆彩蛋是否令人驚豔,就看玩家怎麼去找出來,並轉化成自己班級經營的神奇彩蛋,讓這顆彩蛋也能大大的強化教室的日常力。

內容解說

在班級經營的基本盤及25個素養活動,其內容都包含了以下六個項目,讓你可以快速找到關鍵點來解鎖。

一、日常點子起頭

活動的起源與發想,很多創意其實就是日常跨域的轉化與呈現,從這裡或許你也可以「突發奇想」出更有素養的創意點子,相信自己,創意其實不難,有時真的就是神來一「想」而已。

二、點子狂想運作

這就是點子運作的步驟,也是最關鍵所在,玩家可以在此找到每個詳盡的方式,跟著步驟做,最後自然解鎖,取得日常力。

三、加速增強功力

　　這裡可以找到活動解決的問題與師生獲得的能力，你可以從這裡去思考，每個班級經營活動優先解鎖的順序，來增加學生學習或生活的日常能力。

四、素養教學眉角

　　這部分你鐵定不能錯過，就是活動中會出現的許多須注意的「眉眉角角」，尤其當你想提高完成度或避免失敗時，一定要筆記，才不會馬失前蹄呀！

五、後記日常說說

　　有點像活動結束後的玩家想法或省思，但也同時呈現了一個個活動時的小故事，是感人也好，是狂笑也罷，都讓班級經營活動變得更有溫度更真實。

六、補充包請+1

　　活動不會只有單一個呈現模式，因人事時地物都可能不同。所以在這裡你可以找到活動的「變形」或「延伸」，你自己就能當班級CEO，決定班級經營模式，一樣能讓你的活動不斷電的+1，獲得另一個或更多的日常力。

（小學教室的功課表在下一頁有說明）

小學教室的功課表

以「姓名貼」捍衛你的發言權利。教室公投，你投票了嗎……快見P226

贈人玫瑰，手留餘香，如何讓孩子贈人美言金句，當個勸世寶貝……快見P184

讓吃飯也變成一種學習，身體吃飽，心靈也富足……快見P92

午休就是有人睡不著，叫孩子「閉目養神」好難……煩惱請見P104

如何「換句話說」，讓孩子變得主動積極負責，樂當你的小幫手……快見P64

節次/星期	一
上學	
早自修	
第一節	數學
第二節	
第三節	
第四節	
午休	
第五節	校訂課程
第六節	
第七節	
放學	

二	三	四	五

開心上學去！各校上學時間不一，有7：30就遲到的，也有8：00才要到校的。真想說，讓學生睡飽吃飽有精神再上學，不是很好嗎？

老師也不想當碎念機關槍，妙用生字創造「每週一字老師說」……快見P192

晨光時間很寶貴，除了偶爾升旗晨會外，全班閱讀、一起運動、班級特色都能在這時段執行，或是你可以來點……

打開手機點開Line，將蘇軾的line@加入，Free style研究帶你探究……快見P200

語文	校訂課程	數學	數學
語文	語文	語文	

上課沒帶用具、課本，這堂課要怎麼上……煩惱請見P72

營養午餐果真很營養，菜色每天不同，你還可以吃得跟別人不一樣……

午休一堆人不想睡怎麼辦？或許你該來做……

老師可是在整潔冠軍班裡長大，怎麼任教班上卻出現東倒西歪的牙刷牙杯……煩惱請見P82

		綜合	
		綜合	校訂課程

我們是行走的故事團，一起走進教室說我們的創作故事……快見P254

下課囉，趕快平安回家去！但應該更多學生是在往安親班的路上……不管如何，教室總要先打掃乾淨！

用時間走進班級的日常

可以不是碰巧的放假嗎？

下學期

進入寒假備課、充電模式

1月1日元旦

12月25日聖誕節

感恩節

萬聖節

國慶日

中秋節

9月28日教師節

開學季

上學期

準備轉成備戰模式

父親節

起點

⑧月　⑨月　⑩月　⑪月　⑫月　①月

跟著「一天時間」走規劃

讓你秒懂我——用九宮格翻玩自我介紹

選填班級內閣——每個孩子都在對的位置上

班規，畫給你看——善用符號圖像思考

清潔大隊，出動！——換句話說的限量滿額制

老師的小北百貨——獎勵代幣的借用與購買

生字碎碎念——每週一字老師說

教室公投——用姓名貼來投票吧！

打工組招募ing——不午睡的孩子有事做

聖誕節不只是聖誕節——真情告白也上場

冠軍錦旗由我設計——誰都能上臺代表領獎

我省思，我驕傲——我學到、代表字、時間軸

free style研究——喔！原來是這樣！

期末大健檢——家禽也能變身千里馬

我是看國曆，不是農曆！

進入暑假備課、充電模式

畢業季

端午節
母親節

清明節
兒童節

準備轉成備戰模式

農曆春節

再玩一次

②月　③月　④月　⑤月　⑥月　⑦月

開社團囉！——學生的免費共學團
勸世寶貝——金句撕撕樂
我是直播主——善用科技讓經營升級

誰來午餐？——教室也有高級餐廳

行動繪本館——一起為愛朗讀

班級願望清單——在教室蓋圖書屋
教室就是夜市——紙箱變身彈珠臺
Foodpanda 上線——善用生活中的 APP

最懂你的就是我——人物特點大搜索
期末大健檢——家禽也能變身千里馬
閱讀格子趣——3D櫥窗展現閱讀美力

用才藝做公益——小學生的大心意

Part 1

班級經營 基本盤

跟著「一天時間」走規劃
搞定班級經營基本盤

 日常點子起頭

　　暑假過後的年度大戲「開學」，每年都會準時上映！而且年年推出廣受全國家長期待與好評。

　　老師學生們開始返校，有的延續舊班級，但也有一半師生是面對新班級新環境。更有不少老師是第一次擔任導師，面對看似複雜繁瑣的班級經營，有些老師心慌慌，不知如何上手，而「班經」中很重要的班級常規，更不知該從哪裡著手建立起。

　　尤其新課綱推「素養」大戲，老師自己得先要懂得轉換角色，不管在班級經營或是教學上，思考模式與經營執行面都要跟著「吃素」起來，但也不用因此產生過多焦慮與擔心。

　　或許有個不錯的方法，可以讓老師們更有效率更輕鬆的面對新班級的建立，自己先穩固了，才能輕鬆觀看大戲。

　　同時，這套方法運用在班親會上也可行呵！

點子狂想運作

　　不管是接新班級或是寒暑假回來後的第一週，通常都會利用「時間序」的方法，來建立班級常規，讓一堆看似繁瑣的班級常規可以有系統的建立，也比較不會遺漏，這樣從早到晚順完一遍，班級常規大概就建立了一大半。

開始走囉

一、上學去

　　上班有上班時間，學校當然也有上學時間，基本上多數老師會要求孩子準時到校不遲到（允許突發狀況的例外），甚至對於遲到會有小處罰。不管如何，老師都可以針對上學時間、是否能在校用餐、遲到等問題都須一一說明相關規定，抓住「有原則但可彈性」即可。

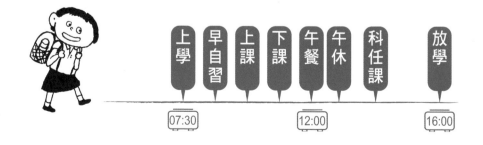

上學　早自習　上課　下課　午餐　午休　科任課　放學

07:30　12:00　16:00

二、早自習

進到教室後，各校各班都有不同作法，通常老師會要求孩子一進教室就安靜閱讀，直到遲到鐘聲打了為止。接著，有些就開始全校打掃（掃地工作分配需外掛一篇來說明，就不在這裡詳解）、有些則要學生升旗、老師開晨會等。這段時間通常會做的事情如繳交作業、抄寫聯絡簿、閱讀、運動、晨光時

善用一週時間軸，學生學習就會養成好習慣不遺漏

間。老師都可以依各班狀況及所需進行不同的規劃設計。

以本班小二來說，一進教室當然就是先打卡上學（翻自己牌子），然後就坐、交作業、抄聯絡簿、安靜閱讀、跳繩運動，最後當小農，結束！

三、上課啦

每個老師上課規矩各有不同，各有各的堅持與原則，如：鐘聲打完坐在位置（有些要趴著，有些還要閉目養神，不管哪一種模式，只要是導師自己可接受的就行，至少以不吵到左右鄰居為主）、課本要準備好、有些還有口令，還要背誦詩詞……。

接著上課了，上課規則更是多，比如最常見的都會有「舉手

發言」（要舉手才可以講話）這一條，這一條如果遵循了，上課秩序應該就很好掌控，還有上課上廁所、發表獎勵、分組競賽、師生口令默契……，這些都可以在上課時另外慢慢推出說明，不用急著一時全把底牌掀開。

四、下課趣

學生最期待的莫過下課了！但該有的基本功還是要有，讓學生知道這些做完才是他自己的下課時間，比如：課本收放好、桌面清乾淨、桌椅對整齊、離開要靠椅子……；有些低年級老師還會要求學生要喝水、上廁所後才能下課，甚至連下課只能去哪些地方、玩哪些遊戲，都規定的清清楚楚，就是為了要確保孩子下課的安全問題。

五、科任課

目前很多學校的科任課是要學生跑班的，當然老師跑班也不在少數（這樣學生就不用出門），通常第一次科任老師都會來教室帶學生走一遍，接下來就是學生整隊自己走，很多老師也都會規定得很仔細，例如：何時要排好隊、如何排隊點名、課本如何拿（多數班級都會有個手提袋裝書本文具），認真點的老師甚至還會連科任課的秩序都包了，有登記長負責管秩序，這就看每個老師的放手程度。

六、吃美味營養午餐

吃飯皇帝大！但在學校用餐又是另外一回事，能在時間內讓全班盛完飯、用完餐，再外加水果吃完，接著還要潔牙與整理，等待鐘聲響，全班就能躺平睡午覺，這一連串的動作在在都考驗著老師呀！

畢竟學生不是軍人，學校不是部隊，更不用說低年級學生的適應問題、個別差異的快慢問題，還有挑食的、不能吃的、牙齒痛或肚子痛的，光一頓午餐，要處理解決的問題就很多。

所以老師一定要有一套方法與流程，從盛飯工作分配、盛飯規則、說感謝的話（廚工媽媽送餐及開動前）、吃飯中的規矩（本班設有安靜的高級餐廳日與可以跟隔壁小聊一下的親子餐廳日）、吃水果規定、飯後清潔（個人鍋碗瓢盆及全班用餐具清洗擦拭SOP流程）、潔牙漱口水……，到鐘聲打午睡為止。

如果是接新班的老師可以在第一次用餐日，利用一節課先模擬示範「試吃一下」、「試洗」的流程全跑過一遍，再實際上場會更順暢；一些老師也會將午餐流程簡易打出來貼在黑板上，讓學生熟悉並習慣。

七、噹噹噹放學啦

怎麼吃完飯就要放學啦？有些是有些也不是啦！因為下午又

是上課下課就不用再走一遍了，不過老師也可以藉機考考學生是否了解並記住這些規定。

　　說說放學！很多老師習慣放學前一定要讓教室乾乾淨淨，學生才能回家去。所以包括個人座位清潔、書包櫃清理、抽屜整理、放學路隊等林林總總的一堆結束後，才能一天結束。

加速增強功力

　　對於不管是新老師或交了很多年的資深老師，跟著「一天時間」走規劃是一個滿實用的班級經營模式，而且對親師生來說，都輕易入門。

一、掌握事項

　　瑣碎的班級經營事項可以很有順序的條列出來，老師較不會遺漏。

二、快速進入狀況

　　學生跟著老師走完一天，大概也知道並熟悉了新班級的基本運作模式，醜話說在前，學生也知道應該要快速進入狀況。

三、同步班親會

　　班親會上家長這樣聽完一天流程，大致上也了解老師的帶班模式，心底也有個底啦！

四、記憶拉回

　　對於舊班級，雖然經過寒暑假的留白，但帶著他們走完一天，記憶立馬拉回。

五、微幅修正

　　每二年的一次新班，老師只需針對年段及教學現場趨勢做小幅度修正即可。

素養教學眉角

　　教室早已不是老師自己的王國，所以帶班仍要用心經營，把班級經營好了，教學及活動運作都能更順暢。

一、帶班風格

老師有自己的帶班風格，但別因堅持而失去溝通舞臺。

二、學生是成員

學生也是教室裡的成員，許多班級事務是可以放手給學生自理與發揮。

三、家長是夥伴

家長的確是教育的夥伴，別因為是家長就送人家一首〈千里之外〉。

四、基本款、補充包

俗話說：「先求有再求好！」班級經營有基本款跟補充包，先把基本盤顧好，行有餘力補充包再上場！

五、戴起王冠受人愛戴

老師想當國王與女王也不是說不行，只要全班多數家長與學生都認同，就大方的戴起王冠受人愛戴！

🤓 後記日常說說

每一學期不管是新班級或是舊班級，通常都用這樣的一日走法讓自己避免遺漏了些什麼，新班級我會先大致講一遍，等碰到了真正問題與時刻，再講一遍，讓學生熟悉了解並習慣，辛苦前

幾個月就會換來後面的有效率有秩序。當然，學生是活的而規定是死的，現在的教室是民主而非威權，教室的角色是合作而非對立，所以基本原則掌握住，學生遵守了，其他老師都可以依不同狀況再調整或修正。

至於舊班級，那就更方便了，開學第一天就來個「記憶大考驗」，一樣從上學開始走，只是從肯定句變成疑問句而已。

「早上幾點來學校啊？」

「早餐在哪吃啊？」

「一進教室要怎麼樣啊？」

就這樣「有獎徵答」到放學，一天走下來就把班規都複習了一遍，也把學生從放假拉回上學的世界，通常我這樣走下來都要二節課，學生在有獎徵答中也重拾班規記憶。新學期的第一週，你也可以來走看看，讓你的班級經營更順暢。

緊接而來的另一重頭戲──班親會，當然你也能微幅修改並照本宣科，依時間序從早上上學到放學，一一將你的規定與原則告知家長，只是語氣記得轉到老師對家長模式，相信家長也會聽得很清楚。

這樣一來，也會讓你的親師關係與溝通更為良好，家長能清楚知道該遵守與配合的項目，避免日後的親師問題產生。

最後要說的，班級經營當然不會只有這樣，還有許許多多「眉眉角角」要做要看的，但至少先這樣走過一天流程，多少能穩固一個班級的基本需求，等日後慢慢再加入其他的班級規定，這樣學生也不會在短時間內一次接受這麼多新規定而消化不良！

基本盤穩固了，以後要加什麼、變化什麼，就能輕易上手！相信也會得到更多的支持與資源。

補充包請+1

班級經營除了可以跟著「一天時間」走規劃，還能擴大到跟著「一週」走規劃。畢竟每週會有一些例行性活動是固定在進行的，例如好書分享、潔牙保健、晨光教學、登革熱檢查等等，老師都可以貼在黑板上，一來可以當作「星期標註」，二來學生一看就知道每天必做哪些事情。善用時間軸來跑一天或一週，會讓老師經營班級更順暢，也不怕遺漏。

Part 2
素養活動很日常

選填班級內閣
每個孩子都在對的位置上

 日常點子起頭

　　每到開學，很重要的班級經營就是要重新安排班級長，也就是我們全班都是長。過去的乖學生或好學生當班長的時代已經消失，但那個年代長大的爸媽還是這樣教導孩子——成績好才有機會當班長，夠神奇吧！

　　現在多數的班級人人都是長，而且都是很重要的長，班長、副班長之外，依各班老師班級經營的差異，還有許多的「長」誕生，名稱也變得有趣。記得之前網路還有一則發文是問父母，自己的小孩當什麼長？名稱可千奇百怪。

　　舉個例子：以前管秩序的叫做「風紀股長」而現在稱「口令長」、負責開關燈的「電長」（不是店長唷）、負責檢查座位的「檢查長」（不是法院的檢察長）、幫老師到各處室拿資料的「小祕書」、負責收發作業的各「簿長」（跟部長音同，感覺很偉大）、負責帶隊運動的「運動長」，還有環保長、整理長、記

班長候選人政見發表中

　　錄長，潔牙長、值日長或3C長等等，名稱五花八門但卻直接明瞭容易懂，這些統統都是「班級內閣名單」，只是怎麼選？怎麼產生？老師各有一套本領。

　　為了兼具選舉與個人志願，可將傳統的班級幹部變身成「班級內閣」，讓孩子可以依自己的興趣與能力，選擇自己想當的「內閣長」。

點子狂想運作

　　班級內閣通常在開學後幾週內產生，老師可以帶著全班來一場「內閣選填自願」，老師負責引導，學生才是選填的主角。

一、討論內閣名單與人數

　　開學初，就先跟學生把班上所有內閣名單列出來，除了班長、副班長外，依班級差異跟學生共同列出新學期需要的班級長與人數，師生共同討論是可以刪除上個學期下來工作內容很少或不需要的長，增列班級需要的長。畢竟班級經營是活的，是一直

各自選擇自己想要的職位

最後班級內閣名單確認

變動的，不是所有的長都是一成不變。

　　從學生討論，可以清楚知道哪些內閣長是必須的或是要增加的，老師在討論時也可以再將各個內閣長的責任與工作內容大致說明一遍，讓每個學生都清楚職責。

二、志願落點預測選填

　　班長、副班長，還是很多學生最愛的職位，因此採取「自願+票選」的雙法合併，其他則採取「志願選填」。所以當師生共同把內閣名單與人數確定後，就讓學生進行志願選填預測，因為有些長很熱門、有些很冷門但又需要。

　　首先我先把班長、副班長保留（因為要經過票選），讓孩子上臺選填自己想要的志願。選填完後，就會立馬發現熱冷門的差異了，有的職位一堆人要當，有的則乏人問津……而且每個班或每一次選填都不太一樣！原來內閣選填也會風水輪流轉呀！

　　這時，老師的遊說功力就要展現！動用老師的口才讓熱門長可以有人自動退出或改選，然後鼓勵讚美冷門長的職責與優點，也讓學生知道每個人只有一次「第一志願選擇權」。如果太多人選就要進行猜拳決定，猜輸了就只能到第二輪選填了。一輪志願預測下來，就會讓隔天的「內閣選填自願」活動順利許多。

三、政見發表

　　隔天正式進行內閣選填活動,其實許多學生已經迫不及待要開戰了,而且多數人都心有所屬,也有人轉移陣地選擇其他安全名單。

　　首先,從需要票選的班長及副班長開始,自願者都可以出來進行「政見發表」,每個候選人可以發表自己的政見,舉出同學要投票給他的原因理由。你會發現小一生跟小六生的理由大不同,連「我很會跳繩」、「我上課都不會講話」、「我就是想當班長」或哀兵戰略「我都沒有當過班長」這種政見都出籠了。

　　待全部的班長候選人都發表完政見,就可以發下選票(也可以舉手投票)開始選舉。為了女男平等,我都會事前告知遊戲規則,如果男生是班長,那副班長就是女生,反之則互換。

四、正式志願選填

　　等班長、副班長選舉出來後，接著就是其他內閣名單的選填，一組一組開放讓學生上臺拿著自己的大頭貼選填，因為已經有一次預測，加上經過思考轉換，有些可能也加入了選填戰術的運用，所以全班很快就把志願選填完。你會發現已經跟前一次的預測不太一樣，人數開始趨於平均，但仍是有少數冷門與熱門的職位。

　　這時，老師可以讓學生做最後「更換權」，確定後就不再更換。老師就可以將預定人數與選填人數一樣的名單打勾確定，然後挑出需要猜拳決定的職位，猜拳贏的人就可以當選，輸的人則進行第二志願的選填，最後「全班都是長」就大功告成啦！基本上，第二輪後幾乎確定了每個人的職位。

五、各就各位

整個活動下來，每個人都成了班級內閣成員，讓學生知道每個人都是很重要的閣員，任何一個職位都是跟班長、副班長一樣，沒有高低好壞之分。換句話說，老師可以讓每個長都是獨一無二的重要，學生也會因為這樣而增加自信，並做好自己的職位，讓學生知道唯有每個人都盡心盡力做好自己的工作職責，班級才會更好。

加速增強功力

原本每學期都要來一次的幹部選舉，老師只是換個方式變成「班級內閣選填」，不但解決了問題，也出現不同的結果：

一、自願選填

每個孩子都依照自己的志願，選填了內閣長，不是第一，至少也是第二志願。

二、民主選舉

班長及副班長還是有一定的班級代表性，透過政見發表及選舉模式來產生，選出來的是大家認可的，對往後班級經營是有助益的。

三、顧及每一個人

讓部分膽小或內向的學生擔任內閣長，多少可以使他們更快融入班級。

四、人決定位置的重要

很多人的能力是要在某個職位上才能展現或爆發出來，所謂「人不可貌相，海水不可斗量」！你會發現，很多學生其實在不同的職務上都扮演很好的角色，讓你大吃一驚呀！

記得有一屆的運動長是一位嬌小的女生，從出門排隊到定點跳繩後，最後回到教室外走廊，每個人都排好隊，站好不敢亂動，一一檢視再放人進教室。有時，老師我在教室內看到那些平時調皮的男生也不敢亂造次，只能乖乖聽命行事，就覺得這位「運動長」簡直是把這看似小小的位置給「做大」了，心中只有佩服！果真應驗了「職位的大小就看是誰在做的」。

素養教學眉角

通常，實施「班級內閣選填」都在開學初不久，但老師在實施時，還是需要注意一些小細節，才會讓選填及後來的運作更加順利。

一、實施時間

如果是新接班級的一三五年級，建議先觀察班級學生屬性，約一個月後再來進行會更加適合，但如果是舊班級的二四六年級，開學初就可以進行。

二、師生角色

雖然說學生是選填主角，但老師可是要扮演引導的重要角色，包含讓學生很明確知道自己的第一或第二志願，依自己的興趣與能力來選填是很重要的，而非盲目亂選。

三、職位討論

有些冷門或熱門的職位，老師可以拉出來與學生探討原因，畢竟透過學生的角度來看某些職位是跟老師原先的想法有出入，這個職位與職責就是需要立刻解決或改善。例如有些職位冷門沒人想要，或許就可以考慮刪除，但如果老師又認為必須有這職位，就要討論其職責的變更，讓它不再「冷門」到底。

四、支持與信賴

老師要做到對每個內閣長的信任與支持，因為學生其實會看在眼裡。

例如以「電長」來說，只要是要開關電源都歸他管，教室裡常常會發生的事情是：一上課，學生玩翻了，進教室後就想開電

扇，因為熱壞啦！這時，如果有人跟「電長」搶著
去執行任務，老師就必須出面，力挺「電長」並
再次重申每個職位的職責。如此一來，學生
會更清楚知道自己的角色，也在心中產中一
種榮譽感——只有我可以做這件事！

後記日常說說

　　曾經，有一個學生在志願預測完後，下課跑來神祕的跟我
說：「老師，你是不是喜歡乾淨的地板？」（廢話，難道我是那
種愛髒地板的人嗎？）他接著說：「那你一定要讓我當上檢查
長，因為我有一雙厲害的眼睛，可以看得很仔細！幫你檢查得很
好，一定要讓我當！」

　　這時，我只能鼓勵並給他加持：「那你明天要先選填檢查
長，然後老師預祝沒人跟你搶，如果有人跟你搶，也祝你能猜
贏——加油！」

　　猜猜，這位想當檢查長的學生後來的命運如何？

　　哈哈，老師的加持當然有用啦！他開心的跑來說他猜贏了！
他真的當上檢查長（無法作弊的呵！）。

　　想一想，這位依自己志願當上檢查長的學生，接下來他是否

會更認真做事並執行他的職責呢？當老師適時給予肯定，無形中增加了他對自己的自信心，知道自己正在做一件很偉大的事。

另外，有一位學生，原本什麼職位都不想做，因為他永遠只會說一句：「我不會啦！太難了，我不會！」

但是，經過一番引導，我讓他當了「電長」，並當面慎重的告訴他及全班：「以後班上所有開關都屬XXX負責，只有他能開電風扇及電燈。」

這位電長真的聽進去了！記住老師一開始教他的每個開關對應的電燈與電扇，上下課、早自修、午休、吃飯或是科任課只剩老師在座位時等不同狀況，該開哪盞燈？何時該開電風扇……。

有時一上課正熱，有熱心的學生想去開電扇，這時他就會出面請同學回去，因為他是電長，誰都不可以搶他的工作；有時他不小心開錯了，還會自動把自己腦袋重新啟動一次，而且還會自己笑自己說：「唉呀，我記錯了！」

我都會跟他說：「沒關係，老師更記不住，所以這重任要你負責呀！」此刻，就會看到孩子天真無邪的表情笑笑的看著你。

你會發現許多原本冷門的內閣長被學生做成了「熱門長」，不用十年，一學期立馬風水輪流轉；有些一直說不會做的學生，結果把他的內閣長做好做滿，只差沒「鞠躬盡瘁死而後已」了！

　　在班級裡，除了「全班都是長」可以採用自願選填的模式，其實「掃地工作」（內外掃區）、「午餐工作」等每天日常事物都可以比照辦理，老師也不用費心或精心去安排。

　　當然了，部分特殊狀況還是需要老師個別安排的啦！

班規，畫給你看
善用符號圖像思考

 日常點子起頭

去過新加坡的人，一定對新加坡的法律規定很有印象，舉凡吃口香糖、吐痰、隨地大小便等，都會有相對高的罰款，而這些的法律規定因為是星國的特色，所以商家都將這些觀光客可能會誤觸的法條變成漫畫圖像形式，呈現於磁鐵等紀念品上，因此也成了該國觀光區的特色。

再看現在，也是「圖」當道的年代，網路一刷下來，各式懶人包或是各種說明，幾乎都用簡單的ICON（圖像符號）來呈現，因為「圖主文輔」才是符合現代人快速的閱讀與理解。

而這樣的ICON簡圖其實也可以把它轉化到班級上。沒錯！就是每班都會有的班級規定。常常看到課本或班級所呈現的班規，一條又一條，雖然文字不長，但全部看過，還真累人！

如果把文字班規用圖像符號呈現，讓學生自己討論，用「文轉圖」方式畫出來，應該會比一串串文字來得簡單清楚也易懂吧！

點子狂想運作

多數班級在制定班規時，多是師生共同討論，當然也有老師親自下規定啦！不管如何，把文字圖像化的「文轉圖」絕對是絕佳的呈現方式。

一、共同討論班級規定

既然名為班級規定，當然就要師生共同討論，可以採用開放發表的模式，讓學生自行來訂定班級規定。

例如，準時上學、走廊不奔跑、離開座位要靠椅子、不可以罵髒話、不能動手打人等等，相信學生的神奇班規一定比老師還多，而老師也可以提出自己絕對要有的某幾項規定（這就是各班老師的帶班風格了）。

最後，經大家共同討論，確定了最終版，因為要圖像式呈現，所以可以依班級人數來設定（我說的是一般普通班人數二十幾位那種）。

二、圖像符號ICON參考

接著，老師可以利用網路搜尋，找出星國版的圖像或是一些懶人包畫風，讓孩子了解如何將文字轉成圖案ICON，當老師給的圖像例子愈多，學生就會更了解如何繪製，甚至可以來個「猜猜樂」遊戲，老師呈現幾個圖像，學生猜圖像的意思，如此一

來，便能讓學生理解一個成功的文轉圖的繪圖重點就是「讓人秒懂」。

接著回歸正題，找幾條班規讓大家發表可以怎麼圖像呈現，如此一來，繪圖功力不高的人也多少有個參考依據，順利「文轉圖」出來。

三、每人選擇一個

經過解說，再來讓學生挑選自己想畫的班規，原則上一人負責一個，你可能會想：「天呀！一個班如果有二十幾個學生，不就有二十幾條班規？」

如果這是純文字真的就夠雜夠多，但用圖像符號呈現出來，你可能就會改觀，因為已經透過圖簡化了文字敘述。

四、開始「文轉圖」

每個學生認養一條班規後，就可以開始動筆創作，圖案的大小與形狀可以先裁切固定好，例如仿照交通規則標誌的圓形、三角形或方形均可。

學生的班規創作

學生的班規創作

　　另外，老師可以將一些範例呈現在螢幕上當作參考，也可以透過討論，給予學生建議，這些步驟對於繪圖功力較弱的學生是有幫助的。

　　至於畫風，就讓學生自由發揮吧！統一有統一的美感，多元有多元的驚喜！

五、整合成圖

　　全班完稿後，就是最後整合的工作，要怎麼貼，就看老師要呈現在哪裡，或是賦予它別的功能。

　　例如，以25個班規來說，剛好可以貼成5X5賓果，不但視覺效果佳，學生還可以玩賓果來遵守班規，看看自己能否做到班規賓果12連線（直五橫五斜二），一旦其中一個沒做到，就無法全部連線。

加速增強功力

　　看似簡單的班規，換個角度出發，轉個方向呈現，也能變出新花樣！

一、共同參與

　　班規由師生共同討論完成，老師不用想破頭，學生也能參與公眾事務，對於自己立下的班規，讓硬梆梆的班規多了許多溫度。

二、教室布置

　　因為是圖像呈現，還能當成教室布置的一部分，完全無違和感呀！

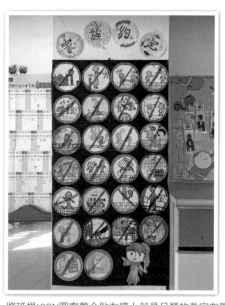

將班規ICON圖案整合貼在牆上就是另類的教室布置

三、思考運作

　　學生必須理解文字後才能轉圖像，同時還要能呈現讓人秒懂的圖像符號，是需要經過思考轉化。

四、增加向心力

　　ICON班規由全班共同創作出來，共同的創作會讓學生有更多的參與感與向心力。

素養教學眉角

班規人人會訂，但怎麼訂又如何呈現，才能達到既定的效果。

一、師生角色

共同討論的目的就是要學生參與，所以老師只是引導角色，千萬不要變成主導了，如果要部分主導也要不著痕跡的鋪成出來，相信老師們的功力都行的。

二、示範教學

繪圖功力人人不同，但仍要人人參與，可以先找幾個學生來示範畫法。

三、執行力

班規不是貼著好看的，還是要有執行面去實施，才不會淪為教室布置。

後記日常說說

教書以來，一直都是帶中高年級，記得多年後第一次「向下沉淪」帶低年級時，可能對學生說話的用語還停留在中高年級，所以很多話都會「簡單說」。

就以班級規定來說，我們太常講「班規」也不覺得有異，所以面對低年級的小一學生，我還是以「班規」來表達：「每個人

都要遵守班規，這樣班上才能更棒……。」等類似的話。

　　直到二下要分班時，辦了一個回顧展，讓每個學生都說說這二年來自己覺得有趣好笑的一件事情，很多人都上臺分享自己一年級做過哪些很天X的事情，現在看來覺得自己很好笑又好傻的！

　　輪到一位女生上臺說時，她這樣說：「老師每次都講『班規、班規』，我當下很納悶又不敢問，回家一直問媽媽，秋江老師為何常常講『ㄅㄢ ㄍㄨㄟ』呢？我們教室左看右看，根本沒有一隻『斑龜』呀！現在我才明白，老師說的是『班規』，不是動物的『斑龜』。」

　　頓時，全班笑成一團，算是配角的我也笑到流淚，等心情稍微平復，我問那位小女生：「為何當下不直接問老師呢？」

　　「因為老師在訓話，表情很凶，而且也沒有人問。」

　　好吧！我必須承認我不笑時真的很凶，有時連微笑也讓人覺得撲克臉一張，但是老師總有大笑的時候吧！那時可以問了吧？拜託　一我也有很認真笑的時候！

　　話說回來，透過孩子圖像符號式的呈現，班規變有趣了，也更淺顯易懂，進階版的「班規」還可以仿照星國罰錢模式，寫上「處罰項目」，如：勞動服務十分鐘。

　　除了班規，班級經營還有許多可以比照辦理，讓學生善用符號來理解或記錄，透過小創意小巧思，也可以很有趣、不嚴肅的！

補充包請+1

　　班級經營真要列出來的還真多，所以能用畫的來呈現真的會更簡單明瞭，也符合目前圖像式懶人包，所以除了班級規定可以「文轉圖」用ICON符號來呈現外，老師會在班上設置的角落區、黑板上貼的各種「文字卡牌」，比如：吃飯時間、打掃時間、午休、運動等都能來試試，讓學生畫出一看就秒懂的ICON符號。

　　如果老師對「ICON符號」情有獨鍾，甚至可以運用到學科領域的筆記，也能得到絕佳的效果。

清潔大隊，出動！
換句話說的限量滿額制

 日常點子起頭

　　班上總有許多小事或突如其來的事情需要小幫手，老師當久了就會發現，愈小的孩子愈熱情積極！

　　每問一次誰可以幫忙，班上沒舉手的就算是稀有動物！雖然如此，不代表高年級就不願意為班上服務呵！就看老師怎麼說，怎麼讓孩子「願者上鉤」了！所以**班級經營，也可以換句話說，也能換來不一樣的效果呢！**

　　就拿班上的清潔工作來說！如果轉個彎，讓孩子知道只有表現好的人才可以為班上服務，那些孩子一定做得心甘情願。

　　所以，老師啊！轉個彎，換個方式說，**讓孩子覺得為班上服務是表現棒的學生才有的權利**，這樣每樣工作大家可都是搶著做呢！你說高年級就不能騙他們了吧！但我從頭到尾都是「換句換說」，而非「騙」呵！

點子狂想運作

　　說話很重要，怎麼說更重要，引導孩子能自動為班上付出，不為獎勵不為其他，能當上清潔人隊就是個榮耀、就是個驕傲，套句流行語「我清潔，我驕傲！」，而且還能做到讓別人羨慕不已呢！

一、講話轉個彎，清潔大隊上場

　　同樣一件事有不同說法，給人的感受也不同。所以要請孩子幫忙打掃教室，我換了個名詞說，不再說「掃地拖地」這種太直白的名稱，而是換成「清潔大隊」，感覺就厲害多了！如果再選個清潔大隊的「大隊長」，負責帶領分配工作，那就更酷了！所以整個問話變成：「今天老師需要清潔大隊，有誰想當？」接著立馬接下一句話，「我來看看誰表現好，能當清潔大隊長？」

　　老師也可以把小幫手改成「祕書」；負責拿東西送資料的變成「運送大隊」、「誰要幫老師宅急便？」等，我想孩子會更願意主動去幫忙，搶著為班上服務，就只因為你的「換句話說」，讓這份工作變得更神聖更搶手！

二、只有表現好的人「才」可以做

　　班上事情很多，動用小幫手會讓老師輕鬆許多。所以老師常

常說的一句話就是：「誰要幫老師……。」說完，一定一堆人舉手搶著要。放學前我會斟酌班級環境狀況，如果是需要打掃，這時「換句話說」就出場了……

「今天我需要幾個清潔大隊，誰要當？」

每次我都還會補上一句，讓更多願者上鉤。

「只有表現好的人，老師才會請他幫忙呵！」

「還有安靜坐好，舉手的人才有機會。」

你會發現還是一堆人舉著手（愈小的孩子都覺得自己表現很棒）深情望著你說：「老師，我──我──我──」

這時，老師就善用點小技巧：「XXX，你今天上課有點愛說話不專心，所以今天沒機會了，老師今天先選XXX……」

而被選到的孩子可能只有幾個，

還有一堆像是「嗷嗷待哺」的學生等著被叫到而會發出哀號聲，此刻老師要趕緊補上一句：「還有一堆表現很棒，老師下次優先請你們幫忙呵！下次一定優先選你們。」否則，其他沒被選上的孩子會以為自己表現不好而沒被選上。

三、額滿限量制，加強榮譽心

最後，為了讓這些學生因為幫班上服務有榮譽感，我還會說上一句：「其他人都不能做！只有今天的清潔大隊可以做！其他人把自己座位清乾淨後就先都出去排隊等候。」

這時，你會發現仍有不死心的孩子過來說他也想當，我就會委婉告訴他：「今天清潔大隊已經額滿，下次老師優先請你當！」學生就會一再確認並要老師保證明天或下次會選他，他才會心甘情願的回去。而當清潔大隊的人就會一副得意洋洋的樣子開心做著他的「為班服務工作」。

加速增強功力

「清潔大隊」的本質就是幫班上清掃環境，但實施後，班上獲得的效益卻不會只有環境乾淨這一項。

一、教室整潔

學生清楚自己的座位，教室內的公共區域也能隨時保持環境乾淨。

二、提高效率

教室人少無障礙，幾位清潔大隊工作能加速全面清掃，縮短時間，也省掉了「檢查長」每天定期檢查每個人座位的時間。

三、增加自信

雀屏中選的學生會更有榮譽感，增加學生自信心，因為老師有選到他。

四、定期消毒

老師可固定時間加入消毒工作，還能減少教室內病菌孳生，維護學生健康。

素養教學眉角

只要是「選人」，老師就要特別留意，有時一個小動作一句話就可能傷了學生「幼小的心靈」呀！

一、機會公平

盡量做到「人人都有機會」，除非某些學生當天的表現需要改進反省，但過幾天趁他有好表現時就選他，就是一種正增強。

全班由幾位清潔大隊負責清理，快速又整潔

二、履行承諾

如果答應學生下一次要選他，務必要做到，但你也知道國小老師每天要忙的事有多少，怎麼可能會記住這麼多答應誰的事情，所以**換個方式**，請學生「**自己記住，自己提醒老師**」，如此一來，等下一次的清潔大隊要出場時，學生自己就會跳出來說：「老師，你上次有答應我優先！」

三、獎勵輔助

清潔大隊當然是自願，但做完後老師可以適度給予班級獎勵，這獎勵是一種對任務完成的讚美，是一種肯定學生的表現！

而且老師還可以給予不同的獎勵來激勵學生更棒的表現。

四、神隊友協助

雖然有清潔大隊，但老師還是要在旁邊「偷偷」觀察，如有突發狀況，還是可以充當「神隊友」支援，可以是點醒或是提示，不一定要「出手」相救！

後記日常說說

班上需要學生做的事情太多了，如果統統是老師來做，不但累死自己，也教出一批「0能力」學生，這跟「懶惰媽媽教出超能力小孩」是一樣的道理！但這不代表老師都不做，而是老師退居第二線引導角色，學生經過引導有方法後，靠自己的能力可以完成更多任務。

記得某個調皮的學生，有一天看他表現還不錯，所以故意當天來個清潔大隊，果不其然他也舉手，用著「水汪汪的大眼」深情的盯著我，眼中就是表明了「選我選我！拜託——老師，我今天表現應該還可以吧！」

我當然知道呀！還故弄玄虛一下，看東望西的掃過一輪後，慢慢的吐出一句話「今天就由XXX當清潔大隊長，由他挑選六個清潔隊員。」

　　知道嗎？當這句話一出，可以想像那位學生內心是多麼的興奮激動，但他外表並沒有表現出相對的情緒，反而呈現一種「天將降大任於斯人也」的嚴肅表情，認真的望著班上其他學生，思索著挑選的人員，接著就看他負責的分配工作，開始清潔大隊上路，果真把全班清得一乾二淨。

　　當然，故事還沒結束，老師總該出場了吧！當清潔大隊完成任務後，我把那位同學叫過來，對他說：「你看，你很棒，對不對？下次繼續表現好，還有機會當大隊長！」

　　只見平時調皮的他靦腆又害羞的點點頭，我們都知道，他真的可以很棒，只要他願意去做，認真負責的完成一件事，他是有這樣的能力，感覺他整個「頭頂都有光」！

　　反觀我們大人！有沒有也願不願意在適當的時機，給每個孩子一個展現能力的舞臺呢？

補充包請+1

　　「清潔大隊」不是天天需要，通常是藝文課後教室需整理或是每週來個消毒清潔，才會需要用到。所以除了教室清潔外，現在很流行的書庫推廣，老師也可以依班級所需，來個「搬書大隊」、「服務大隊」，應該也會很搶手的啦！

老師的小北百貨
獎勵代幣的借用與購買

日常點子起頭

　　當老師這麼久，上課中最常碰到的問題之一，就是：學生沒帶物品！

　　常常會有「老師，我忘了帶課本」、「老師，我沒有帶剪刀」、「老師，我的鉛筆（橡皮擦）不見了」，還有一堆舉凡上課愈要用到的書本工具文具，都會三不五時有人冒出一句：「我沒有帶……。」

　　這時，老師會怎麼處理呢？文具向同學借？（有借有還？剪刀輪流用？）課本跟同學一起看？（懂得分享？同學也想自己看呀！會不會變成二人都沒看？）鉛筆去流浪之家借一枝？當然了，也有些班級的班規是要處罰的。

　　先不論老師作法如何，是鬆是嚴，「忘記帶」這件事依然榮登班級經營三大常見問題之一！如何製造雙贏（老師與沒帶課本工具的學生）或是三贏（外加一個坐在隔壁必須共用共看的同

學），其實讓學生用獎勵章「自己購買或換取」就是最終解答了！

點子狂想運作

　　每個老師其實都有自己的工具櫃，內藏一堆文具，舉凡剪刀、膠水、膠帶或是一些常見文具都會有幾組；另外，課本除了教師手冊外，也都有一套課本在身邊備用；而班上的集集樂獎品區也有一堆鉛筆、橡皮擦等學生基本文具用品供學生兌換。或許每個老師的物品或多或少有差異，但多數這些都是隨手可得的。

　　因此，後來上課，只要有學生跟我說：「老師，我沒帶……。」

　　這時我就會說：「來吧，我借你，X個章來借！」或是「來我這裡，很多可以賣你！X張貼紙。」但可不是平白免費借或給呵！而是用自己的獎勵來借或買。至於怎麼借怎麼賣？用什麼借或買，就可以善用各班的獎勵制度來搭配使用！

一、將獎勵章轉換成的「代幣」借用或購買

　　每個班都有自己一套獎勵制度，不管是集點換貼紙或是蓋章都可以，這些都可以轉換成他們向老師借或買的「代幣」。至於每項文具或課本的價格，老師可以依各班模式來訂定。通常我的原則是：

　　1.愈不應該忘記的文具三寶（如尺、鉛筆、橡皮擦）價格就愈貴，因為這是上課基本配備！

　　2.主動前來告知借用或購買者的售價愈低，目的就是要學生對自己負責，千萬不要等到老師或同學發現或舉發才被動來說要借用，這時只能刻意抬高售價了。

二、課本、剪刀沒帶的，只能借用

　　上課用的課本當然只能用借的（因為老師也只有一本呀！）以往多數老師可能要求學生跟隔壁的一起看，不過效果往往不是很好。（二人一起看也真的不怎麼好看！最後變成二人都看不到）既然身邊就有現成的一套，何不拿來借用呢？

　　而且還開放讓孩子可以在借用書「寫字記錄作筆記」，這樣回家才能抄到自己的課本上。如此一來，課本善用到了，孩子也能專心上課記錄了，而學生用他的獎勵章來借用以及回家再謄寫一次，也算是一種另類的警惕。

　　你可能會問：「那科任課怎麼辦？」

　　問科任老師吧！導師總不能出手干預其他老師的教學或班級經營。

　　你再問：「那一節課有二位學生以上沒帶，怎麼辦？」

　　很少吧，真的那樣，只能說——第一個主動借用的優先，其他則只能尋求共用的次方法——拿空白紙抄寫課堂重點或題目，畢竟現在的班級設備都不差，還是有大螢幕可看。

　　除了課本會忘記帶，要孩子準備的剪刀、膠水、直尺等，也都三不五時會有人因奇特（就是老師無法理解的）的原因而沒有。這時，老師櫃子內躺著一堆的剪刀或工具就派上用場！統統拿獎勵章或貼紙來借用！

　　如此一來，學生不會因為沒工具而無法上課或實作，而用他自己得到的獎勵章來兌換或借用也算是一種警惕性處罰，更是對自己行為負責的態度。

三、鉛筆、橡皮擦沒帶的，只能購買

班上的集集樂獎品區都會有一堆橡皮擦、鉛筆等基本文具，老師的櫃子有一堆從以前到現在一直「自動冒出」的剪刀、直尺等工具。

而學生常有的就是忘了帶、不見了、沒有了！只要學生上課沒有鉛筆或橡皮擦，我都直接說：「來老師這裡購買，鉛筆一枝要售價一張貼紙，橡皮擦也是！」

而且一定要買，因為現在就要用到。

我還跟學生說：「像鉛筆、橡皮擦這些本來就一定要自己準備好的卻沒有，表示對自己學習的不負責，所以要用更多代幣來購買！」

有時還會碰到學生間的「文具糾紛」用壞了或用不見了，這時老師也可以用這種方式讓做錯事情的學生透過「代幣購買」來歸還給對方，而且可以提高購買價格，讓做錯事情的學生有警惕之效，也算是要對自己錯誤行為負責。

加速增強功力

利用班級獎勵制度轉成學生可使用的「代幣」，不管在老師教學面或學生學習面解決了問題，更可說是一魚多吃。

一、保有學習機會

　　立即解決當下學生學習的問題，學生不會因為沒課本或工具而喪失了課堂學習機會，老師在教學上也相對更順暢。

二、保險概念

　　學生必須用自己的獎勵章（代幣）來借用或購買，所以自己會更有警惕；而且必須在平時利用更多好表現賺取「代幣」以備不時之需。

學生用自己的獎勵代幣借用或購買所需物品，也可以兌換其他獎品。

三、主動解決

　　面對問題，學生能主動尋求方法解決，那就是主動向老師借用或購買，而非心存僥倖希望老師沒發現。

四、獎勵功能多元

　　班級獎勵制度不是只有到最後加分或換獎品，轉換另一種思維，獎勵章變成代幣也能發揮極大功效。

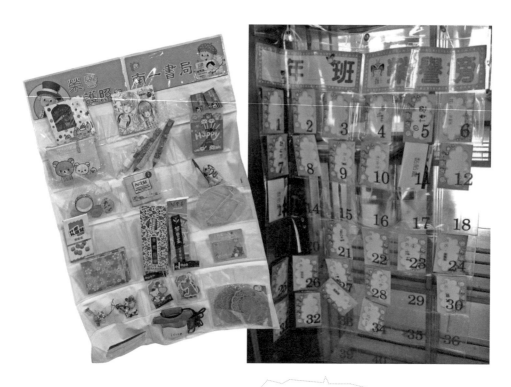

學生的代幣存摺

素養教學眉角

　　獎勵章或貼紙轉成代幣來使用，不管是借用或是購買，其中的用語跟方式也要拿捏恰當，才能達到更大的成效。

一、價格的訂定

　　獎勵章代幣換取或借用的價格要依照各班獎勵制度來彈性調整，不能簡單到讓學生借用或購買到不痛不癢；當然售價也不能高不可攀，否則反效果，讓學生更不敢借用或購買。

俗語說：「規定是死的，但人是活的！相信每個老師都會「彈性一下」。

二、藉機教育

對於主動告知借用或購買者，可以藉機「昭告天下」，讓學生知道沒帶課本或用具，主動告知可以用較低的代幣取得；相對的，被老師發現才要借用或購買，就須付出更大的代價。

三、善用手段

對於班上極少部分較弱勢的學生，老師可以不著痕跡的「降低售價」讓他們購買基本文具用品。

後記日常說說

之前跟朋友出遊，他說他要拿一堆沒用到的牙刷組回去放在學校，我以為是為了環保或下次出遊備用，一問之下才知道，因為他們班有人會在中午吃完飯不潔牙，給他的理由是沒有牙刷或是不見啦！這時他就不慌不忙的從櫃子拿出一組全新牙刷「亮」在學生面前，「來！老師這裡有，送你全新的牙刷，刷牙去吧！」（果真佛心來著）

用這樣的方式來杜絕那些藉機不想刷牙的學生。飯店民宿牙刷頓時有了全新功能！如果是真的壞掉了，我也會免費送一組。

不過，爸媽還是要幫孩子準備適合小孩用的牙刷組，老師給的真的只是當下備用！

其實，再怎麼教育或是處罰，依舊會有忘記帶東西的學生存在，有的是個性使然，有的就真的是散漫了！相信每個老師也都有自己的一套班經方式來處理未帶東西的學生。

這樣的借用或購買模式，就僅限於常見的鉛筆、橡皮擦或課本等文具或用品，其他的仰賴於老師透過不同教育方式來處理解決。

當然了，沒有獎勵制度的班級也可以用「勞動服務」來兌換或借用，例如借一次剪刀或膠水要掃地一次，或是借一次課本要幫忙倒垃圾等等。

其實，現在很多爸媽在家裡也這樣做了！現在多數家庭的物質生活優渥，孩子什麼都不缺，因此不懂得珍惜。所以就讓孩子透過自己的努力（做家事）來換取他想要的物品，而非一昧的一直給，卻忘了讓孩子學會「付出與責任」。

　　獎勵章可說是有多功能用途,撇開各班常常有的加分、換獎品、抵銷處罰等五花八門的兌換,還有一個老師或家長可以善用獎勵章的,那就是「競標活動」。

　　我會在分班前的最後幾個月,開放「座位競標」,學生可以將自己手上的獎勵章拿來競標自己想要的位置,當然了!這也是一種變相獎勵表現良好學生的方法,平常沒用到獎勵「代幣」的人就愈有機會先競標到他想要的座位。

　　另外,分班前的班書要送給全班同學時,也能透過「競標」的方式有效分配書籍,不但有趣,也能看出哪些書「超熱門」。

自造客動手玩設計
解決教室內的雜問題

 日常點子起頭

　　每個孩子都會在學校吃營養午餐，因此老師都會要求孩子帶潔牙用具來學校，午餐後刷刷牙，讓牙齒不易蛀牙。

　　而潔牙用具放哪？怎麼擺最好？這就是個說大不大，但卻也不能忽視的問題。要通風避免潮溼病菌感染，要整齊避免用具東倒西歪，所以多數老師都會設立一個潔牙用具擺放區，通常就是一般小X百貨的塑膠架。

　　問題來了，沒分隔的架子常常會讓每個人的潔牙用具東倒西歪，這時總不能老師日日叮嚀，或為這種小事抓狂吧！

　　其實只要小小利用一點說話技巧，讓孩子自造釣竿，就能解決這個問題。

點子狂想運作

班級瑣碎事情天天發生，帶過班的老師一定心有戚戚焉，隨便想都有十條以上，但老師總不能事事管，這樣永遠忙不完。

所以「**自造+素養**」的神器就要搬出來用，透過引導，激發學生願意主動解決問題，就能讓老師在班級經營上事半功倍！

一、換句話說：引發主動解決問題的動機

原本在班上都放置一個潔牙用具的架子，依照號碼讓學生將潔牙用具放在架子上。但因為架子沒有細分小格子，所以孩子常常一順手放上去或不小心走過路過碰到，就「東倒西歪」，既不衛生也不美觀；但如果讓孩子個別將潔牙用具放在抽屜或是書包櫃內，又不通風，容易孳生細菌。

有天，我走到置放潔牙用具的架子旁，看著東倒西歪的杯子牙刷，雖然三不五時就請他們整理，但還是一樣。這時我說話了……

「你們看看這牙刷架內的牙刷杯子，全東倒西歪，你們不覺得亂嗎？」

接著，學生七嘴八舌的爭相回答，

「對呀！我也這麼覺得。」

「我都有放好，都是別人把我的杯子弄倒的！」

「老師，只要有人亂放，這些杯子就會連環倒啦！」

「對呀！對呀！因為都碰來碰去，就容易倒，我們也沒辦法。」

這時，我順著學生的「沒辦法」來回應：

「一定有辦法！你們那麼聰明！來來來，我們來男女比賽，你們自己想辦法，看怎麼樣可以讓杯子不倒，牙刷好好的放在杯子內，這樣就會衛生多了，我來看男生女生誰的方法最好？明天我要看呵！」我又補了這一句，「班上看得到的用具或材料全都可以讓你們自由使用。」

二、男女生拚了！開始動手自造

☆男生率先動手

講完後的當節下課，我看到兩位男生跑去班上的資源回收桶撿起了兩張大白紙，然後開始一陣剪剪貼貼，接著迅速拿去櫃子內。整個過程我全看在眼裡，我故意湊過去想瞧一下到底在做啥？原來他們利用紙條「組裝」，瞬間把一大格空間細分成許多小格子，還一一在上面標註了號碼，只是因為紙張太薄，所以有點「掉漆」。

當下，我本想順口提示並引導：「應該是紙張太薄了。」沒想到，另一位男生搶在我前面說出這句，並轉頭對我說：「老師，可以借我們厚一點的紙嗎？」

我立馬說：「不用借，我不是說了嗎？只要教室裡有你們需要的物品或工具，都直接送你們讓你們使用。」

說完，這一群男生趕緊到另一個櫃子上拿了幾張厚紙板，又開始重複的動作，迅速完成並組裝起來，而且格子大小還剛好可以放潔牙用具。接著，其他男生湊過來幫忙，一一把潔牙用具放在有標號的格子內。

這時，老師我又出馬了！當然是一陣大大的讚美：「酷！厲害！簡單的紙裁一裁，組裝一下就成了格子，而且看起來應該不會倒。」

「老師，這很堅固不會倒，你看！」一旁的男生得意洋洋的用手搖一下杯子。

男生組的創意組裝點子

上層為男生組，下層為女生組的創意組裝潔牙架

☆女生緊跟在後

女生呢？看了男生的傑作後，又聽到老師大大讚美，也開始要動手自造。她們也向我要了幾張厚紙板。

一開始，她們也想模仿男生製作一樣的格子，結果一旁的男生一看，大聲抗議：「老師，女生都模仿我們！不公平……。」

「你們就是很厲害，別人才想模仿啊！」我回應。

我以為女生會繼續做得跟男生一樣，沒想到被男生一說，幾個女生七嘴八舌討論起來。一節下課後，我發現女生也自造了另一種「挖洞格子」，一樣一個洞擺上一組杯子。我看了看，提出了疑問：「這樣的格子設計不會倒嗎？」

　　這時，女生異口同聲說：「老師，不會！很穩的，我們只要小心放，輕輕放好，就不會互相碰撞，就不會倒。」看著她們那麼有自信，我也就相信她們的創意了。

三、後續的發展與觀察

　　接續的幾天，我都會刻意或不經意看一下潔牙櫃，發現真的不一樣了，不再像以往一樣東倒西歪，而是一個一個有秩序的放好，就算我一開始認為可能會倒的女生設計，也都安然的「立正站好」，一直到學期末。

　　學生共同解決問題而得到的成就感，我感受到了，相信學生們也感受到。

加速增強功力

　　這樣的換句話說，不但解決問題，也引來了不一樣的效果。

一、快速解決問題

　　當下發現的問題，可以順利又快速解決了「潔牙用具」東倒西歪的問題。

二、展現創造力

　　就只因為老師換句話說，學生就能各自發揮創意並展現超高的行動力。

三、共同合作

學生為了解決問題，進而主動合作，共同面對並解決之。

四、減少負面情緒

如果老師看不慣，而選擇用「罵」的方式，我想老師自己跟學生的情緒一定都不佳，雖然可以偶爾火冒三丈，但搞壞的卻是自己的心情呀！

素養教學眉角

讓學生發揮創客精神是來解決問題，所以有些學生的「心理層面」要多留意。

一、注意用語

有比賽就會競爭，所以在引導用語上，老師要特別注意，尤其是愈高年級的「女人心」呀！

二、模仿或抄襲

有分組創作，就會有模仿抄襲的問題，這當中該如何界定，讓學生不會當作話柄來說嘴，是需要老師教導與解說。

三、鼓勵優先

不管學生創作如何，都要給予肯定，而不是比較。老師也能不著痕跡的出手相救一下！

後記日常說說

　　雖然男女雙方都將問題解決，但可以看得出來男生還是覺得自己的設計更勝一籌，尤其是當初第一個動手做的男生。

　　有天，他下課跑來找我說：「老師，我還是覺得我們的設計比女生棒！女生有抄襲我們的嫌疑（我心中大笑，難道我有這麼笨嗎？），而且她們的設計根本會倒呀！所以都刻意輕輕放或動手去調整。」

　　我很想跟他說「真話」，但我再次換句話說：

　　「二組各有特色，你們的設計真的快速又有創意，連老師也佩服！但只要作品設計出來能達到功能（不會倒），都是好作品！」

　　「況且比賽又沒規定女生不能輕輕放置？你們也可以，輕放也是手段之一呀！」最後，我又補了一句：「你應該為你們的作品能被模仿而感到開心！不是嗎？誰會去模仿爛設計呢？」

　　這位常會去資源回收桶做「我丟他撿」的男生聽了，心情釋懷的離開了，只是下一秒，我又撇見他在潔牙架旁「東看西看」，我想他應該又在思考更厲害的方法了吧！

　　面對新課綱，學生所學習的是要來解決生活中遇到的問題，這才是素養導向的學習。而老師就是那一把鑰匙，開啟學生學

習之門，讓學生發現問題所在後，能「**自動好**」──**自動發想點子、互相討論設計、大家共同享受美好的結果。**

新課綱來臨，不僅僅老師在教學上要改變，每天的班級經營，可能遇到的問題百百種，老師要能換個方式，讓學生當起創客，自造釣竿，釣起他所需要的魚呀！

而延伸到家庭的教養，爸媽更是那一把鑰匙，讓孩子學會發現問題並能想出方法、自造釣竿來解決生活上所遇到的問題。

我們大人千萬不要再做一位自以為厲害的「指揮家」，為孩子指東指西，而是要當一位裝笨的「不管家」，相信孩子「可以」並放手讓他們自己去解決日常生活中遇到的問題。

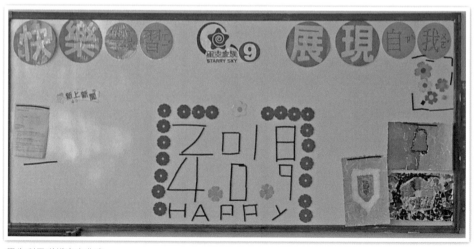

學生利用磁鐵寫字作畫

補充包請+1

　　班級就像一個家，很多細節需要去關注，除非你真的來個「眼不見為淨」，否則這些統統逃不出你銳利眼光。要做嗎？累死自己，不做嗎？其實你有更好的選擇——讓學生自主當「創客」。

　　以班級來說，圖書區的擺設布置或管理、玩具的收納及管理，乃至於資源回收分類等，都可以透過「換句話說」來讓學生自動上鉤，主動去整理及分類，相信學生都可以做出具有特色的各種牌子，讓班級每個角落看起來更有你想要的模樣。二十幾個人出手，絕對工作效率遠超過老師您一人呀！爸媽一樣可以換句話說來讓孩子「自動」整理好自己的玩具或抽屜！

　　又拿班上常見的「磁鐵」來說，有長條形的、圓形的、花瓣形的等等，貼上作品還好，當作品撤下時，磁鐵散布各地，這時就需要學生去整理，你會發現，簡單的一句話，就能換來無限的精彩創作，學生竟然利用磁鐵來「作畫寫字」，排出各式各樣的字還有圖案，有「插滿美麗花朵的花瓶」、「謝謝老師」、「各種臉部表情」等等，而且到後來都是主動要求整理，還一堆人湊上去一起創作。

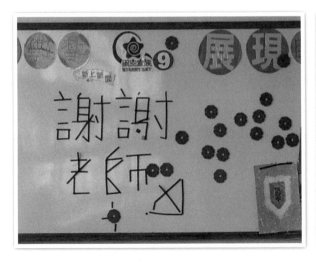

誰來午餐？
教室也有高級餐廳

日常點子起頭

記得帶班的前幾年，會在班上實施「午餐約會」，每一屆都會來上一輪，利用午餐時間跟孩子聊天談心。

後來，無意中看到電視節目《誰來晚餐》，突然有了想法，為何不把「午餐約會」進化到「2.0進階版」？讓午餐約會原本單純的聊天談心外，增加一些可讓學生發揮的舞臺，把教室變身成「創意餐廳」；把營養午餐變成「高級料理」；把老師家長統統化身成「神祕嘉賓」，讓營養午餐變得更令人期待！

當然啦，本校的廣大空間確實也是一大利多，讓《誰來午餐》節目可以順利在教室上演。

點子狂想運作

　　不管低中高年級，都會有在學校用餐的時候，老師可以選在第二年實施，畢竟先讓學生養成良好午餐習慣及用餐規則，才能升級玩進階版呀！

學生共同設計餐點

一、「誰來午餐」規則說明

　　先以電視節目《誰來晚餐》起頭，簡單介紹這個節目的內容與流程，引起學生興趣後，再帶入「誰來午餐」的活動說明，學生就會更清楚。記得第一次剛說明完，就看到底下的學生個個興致勃勃，一副期待的表情，腦袋已經開始想像並上演「誰來午餐」的劇情了。

二、確定時間，進行分組

　　老師先把一學期可行的日期規劃出來製成表格，原則上一組一週時間；接著讓學生自行去分組找夥伴。因為餐桌的設計多以四人一桌，所以學生每三人一組，但必須同一組中男女均要有，學生分好組就可以自行選擇日期。

　　另一個重頭戲就是神祕嘉賓邀請名單，每一組可以填三個名單，只要是學校老師即可，即使是校長、主任，也可以是神祕嘉賓。這時，還可以從神祕嘉賓名單上看出「熱門人物」呢！當然老師要謹守祕密的啦，但也可以從中發現問題去解決，就看老師如何看待這份名單了。

三、餐廳規劃，料理菜單設計

　　當成員與神祕嘉賓確定後，接下來就是讓學生分組去思考討論以下問題：

　　「餐廳名稱」、「餐廳設計」、「餐桌設計」、「料理擺盤」、「菜單設計」等等，而這些都需要老師給予基本的說明與引導，甚至善用網路影片或圖像，讓學生更有目標與方向。當然老師也不用設限太多，盡量讓學生在基礎上去發揮最大創意。

　　從餐廳名稱的發想，就能看出當下學生間在流行什麼，也能

學生餐桌設計

猜出學生的喜愛，這些都可以讓老師對學生有更多的了解，例如「角落生物」或某電玩的流行、「桌遊」、「遊戲玩卡」的喜好都出現在餐廳名稱上。

學生設計菜單封面

餐廳名稱確定後，其餘的就要跟著搭配設計，讓餐廳風格是一致性的，光這些就讓學生有許多發想與創意的空間，可以結合藝文課讓學生玩空間設計。

而在菜單設計部分，則以學校營養午餐為基底，學生可以增加前菜、點心、飲料等等，變成套餐。

學生設計邀請卡

四、邀請卡、意見回饋卡設計

完成餐廳設計，接著就是結合語文與藝文課的邀請卡及回饋卡設計。多數孩子都有在外用餐經驗，所以對意見回饋卡比較不陌生，但邀請卡就需要老師先行教學，再放手讓學生發想創意。

需注意的是「受邀者」必須空白，因為是神祕嘉賓，當然是由老師私下祕密邀約，再送出邀請卡，這樣才有神祕與期待感。

　　每一組的邀請卡與意見回饋卡都由組員自行利用下課或午休時創作，也有不少是帶回家精心設計，所以都各具特色，唯美風、機關風、搞笑風、藝術風都有。

　　有位男生很愛創作，看著他東忙西忙，還來求救要特殊工具，老師我能翻出來的都給他了，最後他設計出一款圓形機關的邀請卡，老師我驚訝指數破表了！果真給了舞臺，就能成就每個孩子的天賦與潛能。

五、餐桌禮儀教學

　　等一切就緒，各組「誰來午餐」陸續上演，每週的星期一由導師我上場當嘉賓，一來是午餐約談心，二來也是實際教學餐桌禮儀與溝通技巧，將學生餐廳的裡裡外外都檢視一遍給予建議，讓學生有改進與修正的時間。如此一來，等星期四真正的「神祕嘉賓」登場，就會是最完美的呈現。

與神祕嘉賓共進午餐

六、邀請神祕嘉賓

　　老師在規劃神祕嘉賓時，必須要先詢問好每一位老師的時間，然後盡量做到「神祕嘉賓」不重複為原則，這也是一個讓學生跟科任老師談天的機會，甚至跟校長或主任近距離接觸的一刻。

所以在確認每週的神祕嘉賓後，老師要做的就是事前通知與發送邀請卡，甚至在星期二或三都要再跟神祕嘉賓確認一次，到了「誰來午餐」

當天，更要使出「奪命連環追追追」，確定神祕嘉賓會如期出現。

七、誰來午餐上演

星期四就是「誰來午餐」神祕嘉賓的登場日，學生會提早做準備，以「營養午餐」為基礎，再延伸料理變化，透過擺盤讓原本四十元的午餐瞬間變成三百元的高級套餐。

而每一組的餐桌設計也都各具風格，以學生喜愛風及搭配節慶風最多。當中午第四節下課鐘響，學生已經將餐廳各項準備就緒，等待神祕嘉賓光臨了。每一次的神祕嘉賓不僅該組期待，其實全班也都很期待，學生也都會事前猜測與推論，等真正神祕嘉賓一踏進，迎來的就是一陣「XX老師歡迎光臨XXX餐廳」。

而我的工作就是在用餐前幫學生與神祕嘉賓留下美照，剩下

的就留給學生自己與嘉賓互動了，而班上其餘學生就依照平時午餐流程，互不影響。

加速增強功力

　　會想舉辦「誰來午餐」，純粹是想將午餐約會來個進階版，沒想到一辦下來，卻發現學生從中學到許多，也獲得更多。

一、平淡變驚喜

　　讓平淡無奇的營養午餐變得有趣，加入神祕嘉賓更讓學生期待與驚喜破表。

二、分工合作

　　整個過程需要一直分工合作，學生必須善用零碎時間討論並產出各種所需，每個人也都各司其職。

三、創意思考大爆發

　　學生創意大爆發，許多創新與想法讓老師也嘖嘖稱奇，也讓老師從中更了解學生的思考與行為模式。

四、責任與使命感

　　學生是餐廳的經營者，必須靠團隊合作才能讓賓主盡歡，所以每個學生都肩負使命與責任心，要把餐廳辦到最好，要讓神祕嘉賓用餐愉快。

學生餐桌設計

學生設計菜單內容

五、拉近親師生距離

　　透過午餐，意外拉近學生與各位老師間的
距離，也透過「誰來午餐」感謝每個老師平時的辛苦教學。

素養教學眉角

　　「誰來午餐」的規模可大可小，就看老師如何善用教室與學
校資源，同時結合學生、學校熱度去延伸，當中也有許多「眉眉
角角」要去留意，才能讓賓主盡歡。

一、顧及每個人

每次分組總有可能碰到「教室裡的陌生人」，所以老師要引導學生讓每個人都有組別，千萬別遺漏掉任何一位學生，老師也要能從組合中去嗅出學生在班級的互動狀況。

二、材料充足

學生設計所需的材料，老師都能盡量提供基本的量，讓學生可以自由使用，用好用滿的概念。

三、善用營養午餐

「誰來午餐」的料理均以營養午餐為基底再去延伸變化，如此也不浪費午餐，更能減少學生支出過多的費用。

四、家長支援

與家長要事前溝通好並尋求協助，畢竟有時需要購買額外物品與食物，家長是必須知道且支持的。

五、活動確認

神祕嘉賓的邀約必須謹慎與再三確認，因為這就是活動的一大亮點，才能避免「開天窗」。

六、實施時機

活動盡量在開學一個月後再進行，畢竟事前準備工作也不少，與其匆匆上路，不如讓學生做好萬全準備。

七、學生是主角

老師只需在旁引導，舞臺盡量讓孩子發揮，設限愈少，創意愈多。

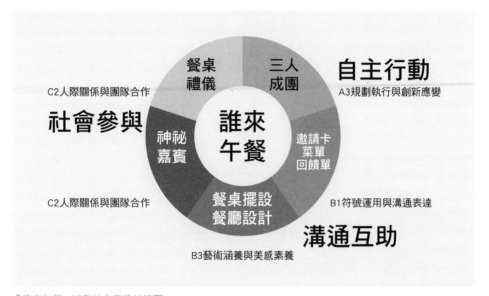

「誰來午餐」活動結合素養架構圖

補充包請+1

　　辦完第一輪的「誰來午餐」，許多孩子在週記中表示超愛這個活動，每天都好期待自己餐廳登場的日子，希望老師可以繼續辦下去。加上其他老師的回饋及家長的熱情贊助與支持，所以就開玩笑在臉書親子團公告即將來個「誰來午餐趴2：家長篇」也就是神祕嘉賓從老師變身成家長！沒想到學生就這樣記住了，老師我也只好從善如流大膽的辦下去。

　　當然了，「誰來午餐」的最大亮點就是神祕嘉賓，中午時學校老師還好找，但要找齊至少九位的家長中午有空來，還要在校用餐可是一大難題呀！

　　因為是趴2版了，學生除了組合的變動外，其餘就駕輕就熟許多，只是難題換到老師這邊來了。從可能的名單用「line」去邀約家長，結果一開始都被打槍呀！不是沒空，就是要上班不方便，終於有了第一個答應的神祕嘉賓出現，真是打了一劑強心針。從此之後，邀約果然倒吃甘蔗，到後來還有不少家長是主動詢問要擔任神祕嘉賓角色。

　　這個「誰來午餐趴2：家長篇」精采度更勝老師篇，連家長都配合老師，絕口不提神祕嘉賓一事，就算孩子在家詢問也是給一個答案「媽媽（爸爸）沒空，要上班不是嗎？」結果當家長出現，許多孩子是驚喜度爆表的狂尖叫！

　　老師我可沒閒著！仿照餐廳訊息通知提醒，讓爸媽記住並準時前來，許多爸媽都自己額外帶了許多點心分享給全班。有位從事科技業的家長，帶來的不是點心，而是一隻隻3D列印的動物送給每個孩子，這每一隻動物可是機器不停工作列印24小時呢！還清楚記得孩子拿到恐龍時的開心笑容！還有妹妹也要一起來餐廳用餐……，感人故事太多，一個個卻也令人感動！

　　想知道我們是否還有「誰來午餐趴3」嗎？被你猜對了！還真的繼續玩下去，反正天天都要營養午餐，就換個模式來吃飯不是很開心嗎？因為時間接近分班，所以主題改成「誰來午餐趴3：好友篇」，讓學生自己就是自己的神祕嘉賓，人數可以自由選擇二至四人開心聚餐。

　　話説回來，你可能會覺得營養午餐就這樣吃不行嗎？當然可以呀！但既然都要吃營養午餐，如果換個模式來吃，又可以賓主盡歡，不是很棒嗎？

　　真要説我到底多忙了些什麼？就是空出教室一角、擺上一張大桌子和四張椅子及一個屏風，然後邀約神祕嘉賓，接著就如同上面寫的，一切就這樣順其自然玩下去。只要老師事前引導過，接下來就全是學生的工作。當然老師如果覺得神祕家長的邀約是一種壓力與難題，一樣可以換個方式，來場只有老師自己是神祕嘉賓的「誰來午餐」，簡易操作一樣可以讓營養午餐變得不一樣。

打工組招募ing
不午睡的孩子有事做

 日常點子起頭

　　從小到大，好像大家都會碰到這個問題：當還是學生時，中午睡覺睡不著但又被規定要睡覺，只好閉著眼睛裝睡不被登記；長大後，自己當了老師，不管教哪個年級，一樣碰到一些不想午睡的學生，趴著假睡不被登記就好，或是眼睛睜得大大的，一問之下，原因就是睡不著！

　　現在的學生很幸福，午睡不再只能趴著睡，而是有涼蓆可以躺著午睡，但就算如此，還是有一些孩子不想午睡或不習慣午睡。既然如此，自己也經歷過那種不想睡覺的階段，又何必苦苦相逼！

　　因此不管低中高年級，除了午睡的選擇，其實你可以讓孩子有更多不同的選擇機會，善用午睡時間讓他來點事做，於是「中午打工組」就這樣出現了！

點子狂想運作

許多老師中午都會請值日生做掃地工作，其實除了教室內外的清潔，還有許多地方可以讓孩子勞動服務，例如，公共區域或校園服務。

之前，我會隨機指派某些不想午休的學生不定期去做不同性質的勞動服務，後來發現因不想午睡而想「做事」的學生還不少。為了讓大家都有機會，因此乾脆直接在黑板設了「中午打工組」。「中午打工組」運作如下：

一、招募自願打工者

中午不想午睡或想利用中午為班上或學校做事的人都可以來填號碼報名，但一切看自己的習慣與意願。

二、選擇工頭

　　選了一位一開始就跟我說「他睡不著想工作」的學生當「工頭」；接著可以每天或每週更換「工頭」人選。

三、詢問打工內容

　　每天「工頭」會先問過老師今天的工作重點，接著安排打工人員負責區域並進行工作。

四、安排人力與工作內容

　　中午這位「工頭」會從名單上挑選三至四位學生中午打工，掃班上的外掃區。

工頭挑選當天的打工組成員

想打工的同學自己到白板上報名

五、打工費用

最後，依每位打工人員的認真程度給予「打工獎賞」（結合班上的獎勵制度）。每個人都有機會，當名單上的號碼都輪過一遍，就可以再重新來過。

六、「打工組」小限制

1. 自己工作或作業未完成的人必須暫停打工。
2. 打工過程讓「工頭」覺得不認真或不負責的，就停止打工一段時間。

🙂 加速增強功力

這個打工活動把午睡不睡的劣勢硬是翻轉成了優勢，一次解決師生不同的問題。

一、解決問題

老師輕鬆解決了部分學生中午不想睡覺的問題。

二、善用時間

讓學生可以善加利用時間來服務班級或學校，讓教室或公共區域變得更乾淨。

三、各項能力展現

讓每個學生都有機會成為團隊領導者，領導他人完成一件事。

1、「工頭」的角色：他必須學會選擇適當組員、領導團隊、適切分配工作，讓打工組使命必達，完成任務。

2、「組員」的角色：他必須學會團隊中的「服從」，在得到分配的工作後，自己負責的完成該項任務，才有機會得到下次打工的機會。

3、整個打工組：名為打工組就是一個團隊，團隊中每個人要互相合作，相互支援才能盡快完成整個任務，完成後並檢查通過就可以有個人自由時間。

四、機會均等

只要學生願意，都有機會為班上或學校服務。

素養教學眉角

這個打工活動看似簡單，但其中「眉角」很多，學生都能從不同的角色學習到不同的生活經驗。

一、工頭的選擇

盡量讓每個學生都有機會當到工頭，領導與被領導的角色是不一樣的，學生會知道他是有資格且有能力承擔這項職位。

二、默默觀察

工頭選擇打工組員，至於工作過程與結果等，老師還是需要

默默觀察，需要出手時還是要插手一下，否則造成「影響他人午休」或「偏心選擇」，不就壞了原本的好意。

三、給點甜頭

當打工組提早完成打工任務時，是可以有自由時間的，只要確實做到不影響他人午休即可。

 **後記日常說說**

會有「午休打工組」的出現是因為一個大男孩，國小三年級卻長得像高年級的身材，加上黝黑壯碩的體格，我們全班都叫他「富哥」。

有天吃完飯，他跑來找我說他都睡不著，可不可以不要睡覺？再補上一句最關鍵「要我做什麼都行！只要不睡覺就好。老師拜託啦！」

看著這位大男孩誠懇的請託，我就順勢說：「那去拖一到五的樓梯吧！」因為是午餐抬餐桶路線，常常都有學生打翻滴汁的，如果不立馬處理，隔天鐵定一個油味飄啊飄，臭翻天。

結果這消息立馬傳開，許多人聞風而來，也希望可以跟著一起拖地……。我只好請「富哥」挑選幾位跟著一起去工作，但怎

麼挑也挑不完呀！這時靈機一動，不如就來個「午休打工組」吧！（因為是掃地工作額外的工作）讓想加入的學生自己登記。

　　原本打工組的工頭都是富哥，接著也開放每週讓一位新工頭來負責，後來這位第一任打工工頭因家庭因素轉回離島故鄉了。

　　學生中午就是不想睡覺才透過打工來「逃避睡覺」！是呀，多數大人可能會這樣想也鐵定這樣想。所以我一開始不就直接表明「學生不想睡覺」嗎？那何苦浪費彼此的時間與精力，就算是為了逃避午睡去加入打工組，至少他從中獲得了一些生活經驗。

打工組上工囉！

　　當然除了「中午打工組」外，老師也可以運用其他獎勵制度來激勵學生換取「午睡自由」。例如，透過班上「獎勵制度」個人或整組可以兌換一天到一週不等的午睡自由，只要不影響到其他同學午睡或離開教室（安全問題）就可以，學生可以畫畫、看書、做自己的事情。

　　其實對學生而言，午休是讓他片刻休息好迎接下午的課程，多數的老師還是希望全班孩子午休，就算睡不著，趴著休息也好。但如果某些孩子就是沒午睡習慣，除了規定他趴著休息，或許你還可以有其他更好的選擇或安排。

補充包請+1

　　學生很愛幫老師做事這點應該大家都有共識！所以「午休打工組」的打掃業務範圍可以向外擴展，從左鄰右舍（算是另類的敦親睦鄰囉！）或自己熟識的低年級班級開始，協助該班老師指派的工作內容。

　　另外，老師有時會需要額外任務，如搬東西、領東西等等常見的事項，也可以比照「午休打工組」，來個「臨時宅配組」、「外派任務組」等等，只要學生自願都可以按表上的座號來出任務。

開社團囉！
學生的免費共學團

 日常點子起頭

還記得小學課程有一門課是「社團」，那時笨笨不清楚如何選，所以就自然而然留在導師所開設的「跳棋社」，每到社團時間，全校幾千個學生（印象很深，那時學校一個年級十八班，一班五十幾個學生，算一下就知道人數多恐怖了！）開始跑班，各就各位參加自己喜歡的社團，而我就是那個不用跑班的學生，留在原教室，整節課就是「玩跳棋」，長大後才知道，原來這就是「社團」。

時間拉近一點，自己當了老師的前幾年，那時星期六還要上半天（政府週休二日德政尚未實施），所以也設有「社團時間」，而且是混齡社團。一股熱血的我，還搶先開了自己喜愛的「童軍」社團，現在看來只能說自己真的很熱血了。

幾年前帶班中年級，想起以前的社團課其實還蠻有趣的，突

然有個念頭，不如讓學生利用綜合課來成立「班級社團」，讓學生自己成立社團，由學生主導課程，不但學生可以免費學習到多種才藝或技能，教學應該也可以變得更吸引學生！

　　於是乎，「社團」就這樣歡歡喜喜的在班上開幕並運作起來！

點子狂想運作

現在班級人數雖少，但相對的，許多爸媽都願意撒錢讓孩子在外面上才藝課，但也是有極少數的孩子不上任何才藝。

看準這點，要在班上搞個社團並非難事，因為教練有了（一堆上才藝的學生都是準教練人選）、場地有了（教室及走廊或鄰近空地）、時間有了（綜合、彈性或生活校訂課程都可以結合），只要老師給出舞臺，班級社團就能成立。

一、成立社團

老師可以先問問班上有在外面或學校課後上才藝課的人數與種類，大致先了解狀況是否可以成立班級社團。

如果評估可以成立，就可以跟學生公告班上會有「社團課」，依照老師對學生的了解，大概知道學生的專長或喜愛，這時就可以先引導：

「XXX，你畫畫很優ㄟ~~來設一個漫畫社或是繪畫社團啊！」

「XXX，你那麼會下棋，常常看到媽媽分享你得獎的照片，設一個棋藝社團吧！」

「XXX，你很會搞笑演戲，可以來個戲劇社，如何呀！」

　　除了這些，還有很多人有學扯鈴、烏克麗麗、舞蹈，這些都可以來成立社團。但如果是球類，老師因無法分身，所以就無法成立。原則上只要空間許可、自己有意願，都歡迎來當社長，成立社團。

　　經過這樣的引導，就可以開放讓有興趣的人上臺寫出自己想成立的社團，當然過程需要老師用話術「鼓勵兼加油」，很快就會出現許多社團。

　　幾屆下來，常見的社團大概就是「漫畫社」、「熱門舞蹈社」、「棋藝社」，幾乎是每屆都會有，而近年因桌遊的熱門及自

社團招生

己課堂的推廣，「桌遊社」也出現了，還有需要腦力的「魔方社」也冒出。

　　我會請學生先把社團名稱寫在白板上，然後給大家時間去思考自己接下來一學期想要參加哪一個社團；而相對的，社長也要去思考這個社團要帶給大家的課程。

　　記得有一屆，一位學生說要成立「射箭社」。我聽完，心裡已經三條線，但也不好立馬打槍傷了小男孩的心，只拋出幾個問題請他思考：有場地嗎？安全嗎？有相關設備嗎？怎麼實施……等一堆問題讓他自動打退堂鼓。

　　當然，其他如籃球、躲避球、樂樂棒球等需要大場地的社團，就不在考慮名單內了。

二、社團招生

社團課程計畫與目標

　　每個成立社團的人就是當然「社長」，首先必須要做的事就是團員招生。老師可以依各班人數與社團數來限定每個社團人數上限與下限，社長必須上臺簡單說明社團目標與課程，吸引同學加入社團。

　　等所有的社長說明完，就讓學生自由選擇社團，人數不到下限標準的，老師可以再加碼鼓吹，是否還有人要加入，否則只能廢社了；人數爆棚的社團只能期待某些人主動換社，不然就只好一拳定輸贏，決定入社人選。

　　老師不用太擔心社團會爆棚，光招生這一關，有些社團就會自動消失。所以每一次社團玩下來，全班大概就四～六個社團正式成立，每個社團大約三～八名學生。

三、社團課程

　　社團名單確定之後，老師必須請各社長擬定一學期的課程進度與最終目標，畢竟每週一節課的社團，一學期下來也是快二十節課！總要讓每個學生可以學到東西！否則這樣的社團就形同虛設了。

　　而且在社團運作第一週時，就要請社長選出副社長，並與所有社員開會，討論課程、必備用具與社團規則等，讓每個人很清楚知道，有利於接下來的社團活動。

四、社團運作

　　每週一節的社團活動時間，老師必須就社團人數與性質，分配場地，讓每個社團的空間是足夠的。再來就是要親自去看每個社團的運作模式，社長教學進度與內容並協助解決社長無法處理的問題或紛爭（小學生常會有意見不合的地方，或是社長與學員想法有落差時）。

　　每一次老師要做的工作就是詢問觀看每一個社團當週的課程內容與運作情形。

五、社團檢核

　　社團就是一門課程，只是看老師把它結合到哪一個領域，既然是課程，當然就會有檢核。檢核可以分成二部分，第一部分是

學員自評分，第二部分是社長評分，至於
評分的標準由社長決定，就像闖關，過了
幾關就會拿到幾分。

　　另外，還設了一個項目是學員喜愛度
調查「是否願意繼續參加此社團」，從這
邊可以看出社團的人氣，也能推估學生是
否真的學到技能。

社團檢核表

六、成團展演

　　期末許多班級都會辦同樂會，但同樂會不是吃吃喝喝看電影
就沒了，老師可以將社團展演結合同樂會一起舉辦。

「開社團囉」活動結合素養的架構圖

　　每個社團要共同討論展演內容與方式，這也是檢視社團成果的一種方式，更是另一種的招生宣傳，因為大家會看成果展演當作下一次選擇社團的依據。

　　至於社團展演的方式，老師是可以給予一點意見的，例如，靜態的「漫畫社」除了可以作品展示外，是否也能結合「服裝走秀」的模式來運作，每個人拿著自己最得意的畫作在走秀，會讓成果展演更有看頭。

加速增強功力

　　班級社團的運作，說穿了就是一種學生的合作學習，而且還是學生教學生，更完整詮釋了「**自發、互動、共好**」的精神。

一、領導力展現

　　當「社長」的學生，必須做許多準備才能讓社團運作順暢，考驗著社長的領導力與責任感，也體會到當「老師」的辛苦，真希望每個人都能認真體會到呀！

二、資源共享

　　學生可以將所學才藝或技能與同學共享，教室就是一個平臺與舞臺。

社團展演

社團運作情形

三、免費共學

沒學習才藝的學生，可以在教室中免費學習到他想要學的才藝或技能。

四、互相成長

興趣相同的學生彼此互學，是交流，也能讓整個社團都成長。

五、提升學習樂趣

課程是學生自選且喜愛的，能提升學習樂趣與效能。

素養教學眉角

班級社團不像全校性的社團「課後社團」複雜，畢竟社長社員都是同學，相對來說單純許多，但老師仍要留意一些事項，方能讓社團課程不是一次就結束的活動。

一、社團運作困境

如有社團教學內容非如預期，學員想換社團，可以協助換社團，但老師必須事前規範好遊戲規則，如：前三週可換社團、一人最多一次換社機會、社團額滿了就無法加入等。這樣的規範無非就是讓學生能找到最適合自己的社團，你也不希望某個學生在一個社團混了一學期吧！

二、時間固定

如果開始有設定一週一次的社團，老師就不可以用各種理由暫停，如果真無法抗拒，還是要找時間補回來的。

三、老師角色

社團時間，老師的角色是「觀察 ＋ 解決」者，真的運作不下去的社團就要協助轉型或解散去加入其他社團，不能讓學生虛耗學習時間。

四、催生更多社團

如果社團成立時團數很少，老師可盡量鼓勵班上某些有才能的學生來成立，或是一開始就先規定；少於幾個社團就取消此活動，相信就會催出「勇士」

後記日常說說

很多人都知道我設計過幾款桌遊，也寫過《語文桌遊自造課》書，在班上也會使用桌遊來教學！

記得有位很愛「自造」的男生，第一次他上臺寫下「桌遊社」，我內心是多麼的感動！雖然可能跟我無關——該不會是認定桌遊是老師才能上的專利嗎？無奈下一秒悲劇發生了，人數不到三人下限，連招生的機會都沒有。

　　後來他加入了某一社團，但很巧的這個社團又運作不佳，老師只好出面協助轉型。這時我突然想起他的「桌遊社」，心想不如就再給他一次機會成立桌遊社，幸好人數也過了最低門檻，整個學期運作下來也還算順暢，終於到了成果展演的時候。

　　沒想到這個成果展演竟然改變了桌遊社接下來的命運……

　　桌遊社的成果展演是帶了很多款熱門桌遊來，每個團員負責一款桌遊，讓其他同學去體驗，結果這一輪玩下來，學生可嗨了！大家這時才發現原來桌遊這麼多元有趣，而不是只有卡牌，有些還需要動腦鬥智，那一次成果展演可謂大成功！

　　逆轉勝的故事當然還沒結束，下一學期的社團招生，桌遊社從當初沒過門檻，到現在立馬登上熱門榜首，人數還爆棚到需要抽籤決定，被迫換社的人還一臉哀傷的表情（老師我也無法更改，畢竟社團人數有上限，才能有良好的學習成效，社長也不會負擔太重）。

　　這位桌遊社長也沒辜負大家的期待，從課程準備、運作過程到最終的檢核，他都親自設計，還電腦打字編排列印，不但發給大家一人一本課程講義，每週帶玩不同款的桌遊，最後社團檢核時，還自掏腰包準備獎品給每一個過關的社員。

社長自製社團講義

好了，故事應該結束了吧？錯！還是沒結束！

期末考後的幾天，下課時間就會看到超過一半的人都在玩桌遊，從原本的圍成一圈變成二圈，如果說我自己是教室中教學型桌遊的推手，這位小男孩就是遊戲型桌遊的推手了！

最後的最後，他還與同學合作利用午休時間研發了一套桌遊（老師就是無限提供紙或材料），分班後的某天，家長還傳了這群小孩約在桌遊店玩桌遊的照片與我分享，而這些都是當初沒料想到的「彩蛋」！

新課綱已經上路，老師其實可以跳脫以往的框架，與其賣命苦命的教，不如思考如何讓學生可以更有效率的學習。社團是一個大家都熟悉的活動，只要轉個彎，將場景拉進教室內，就會有不一樣的教與學，也能切中新課綱的核心——自動好，讓學習變得更貼近生活。

補充包請+1

　　如果你覺得想在班上試試這樣的社團活動，但考量到年段、班級人數或場地等等，或許可以從較簡單的「一人社團」或「微課程」玩起，每個人都是社長，一週一位社長輪流教全班一項簡單技能或才藝，像是魔方、魔術、摺紙、美術創作、生活小技巧等等，全班輪流下來，不但大家都能學到許多知識與技能，也能增加學生的表達力與自信心。

一人社團

我是直播主
善用科技讓經營升級

 日常點子起頭

當網路已經成為人們的日常，各種通訊軟體也隨之興盛。教育現場許多老師早已改變過去班級經營模式，雖然還是有親子手冊，畢竟保有它的溫度，但隨之而來的是擁有強大功能的通訊軟體介入，最常見的莫過於因日本311地震所研發出來的「LINE」，以及擁有廣大使用群的FB及IG等。

許多班級會有LINE群組或LINE@，但常常「噹噹噹」或不小心就「歪樓」也是令人詬病。

因此我選擇設置「私密FB親子團」，廣邀家長加入。過去班級的FB親子團，主要多是以老師提供班級活動或訊息為主，有照片有影片，讓家長可以有著另類「同步」學習之感。

　　隨著它的功能日漸強大，可以發現FB上開始出現了許多「直播主」，從學生長大後的志願都不再是老師或醫生，而是當一位「直播主」，就可以看出網路平臺的厲害與強大了。

　　因此我想，如果親子社團可以結合作業，讓學生可以面對鏡頭大方表達，透過「直播或錄影」的方式來呈現活動內容，那平臺就會有更多元精采的動態畫面。誰說作業一定要書面呈現呢！

點子狂想運作

　　一開始，可以先從寒暑假作業著手，讓學生試著透過「直播」或「錄影」（假裝直播）的方式來介紹旅遊景點或一個活動，然後上傳親子社團分享。

一、解說直播或錄影

　　要學生透過影像表達一件事或介紹一個活動或景點，老師必須要先解說引導，最簡單的方式就是從國語課口語表達切入，讓學生了解口語表達的各項重點以及基本內容架構。

接著，當然就是透過網路現成的直播主影片來說明（網路果真是人們的日常），說不定不用你解說，學生都比你還厲害，因為現在的學生就有一堆在 Youtube 擁有自己的頻道。

二、請學生示範

當學生有一定的理解後，請自願的學生上臺示範，可以結合國語課本某一課介紹的景點，請學生當場「直播」，老師甚至可以協助錄影，接著就透過剛錄製的影片，針對一些需要注意的事項說明，如：口語表達清楚、直播內容重點、時間控制、影片直播或後製（現在學生厲害的很）等，相信全班會更有感，學習起來更清楚。

三、請家長協助

這樣的直播或錄影模式的作業必須要透過家長協助，畢竟最重要的工具在他們手上，沒手機什麼都免談！

四、學生當直播主

寒暑假時，學生可以依自己設定的主題，透過直播，也能透過錄影後製影片的方式上傳，其他家長與學生就能即時觀看，還能互相留言或互通好康，說不定其他家庭就能因為學生的分享，而知道一個新景點或新活動訊息。

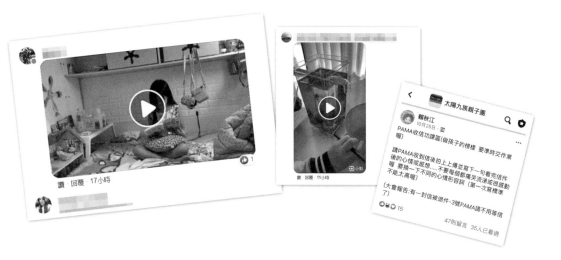

五、共同分享

雖然說作業用直播或錄影方式呈現，但還是以鼓勵為主，所以仍有以照片編輯成一段影片的方式，或是直接一PO就幾十張照片的方式來呈現，但都值得鼓勵，至少學生嘗試用不同的方式來呈現作業。

開學後，老師仍可利用開學前幾天的收心時間，讓學生一個個上臺分享自己的影片或照片，老師要做的工作就是操作電腦，讓學生專心分享。

如果本身就已上傳影片的學生，就只需要簡單說明，就可以讓「影片說故事」，而只有照片的人就必須自己串場看照片說故事了。如此一來，也可以讓學生互相學習，彼此更進步。

加速增強功力

科技雖始終來自於人性，但善加利用依舊能為教學帶來極大的利多，就以FB社團來說：

一、學習轉化

學生將國語課中所學習的口語表達轉化並應用在生活中，真實表達。

二、即時學習

學生可以在親子社團互相觀摩同學的作品，如果看到好的創作也能即時學習更新。

三、家長同步

家長也能同步學習，甚至從中獲取相關資訊或互通訊息。

四、即時分享

寒暑假活動即時就可以分享，不用等到開學看書面報告。

五、面對鏡頭

學生能有面對鏡頭表達的機會，多幾次就更大方，面對鏡頭不再畏畏縮縮，而是侃侃而談。

六、環保作業

減少書面作業，無形中兼具了環保，為地球盡一份心力。

七、永久保存

學生直播或錄製的影片，是可以永遠保留並可作為接下來的教學範例使用。

 素養教學眉角

現在的家長基本上都有手機與網路，但在實施時，老師仍要考量每位學生的家庭因素，避免產生負面結果。

一、考慮每個家庭

不是每個家庭都能如此配合上傳資料，還是可以讓學生用書面來呈現。

二、多一點追問

針對每段後製影片，老師可以細問製作人相關問題，會問出更多驚喜，直播就沒這問題。

三、社團的設定

老師在社團的設定上要多加注意，「私密不公開」以避免學生影像外流，同時也要請家長配合。

 後記日常說說

有天，一位家長傳了一段影片給我，等我有時間打開來看時，

真的說要「痛哭流涕」也不為過了！因為他的孩子（沒錯，就是當時我班上的學生！）自己錄製了一段「開箱」影片並上傳到他的頻道，而那段影片，竟然就是我設計的「動文字」桌遊開箱。

整段影片都由學生自己操刀，利用手機APP，從旁白、上字幕，配樂到轉場全用上了！把老師設計的桌遊拿來開箱，你說能不感動嗎？

隔天，我問他如何製作的，他竟然回答：「我就自己拿爸爸的手機玩一玩就會了！而且很簡單。」一副靦腆的小微笑給我。這位酷哥平時很難露出笑容的，而我，當然是讚美鼓勵他一番囉！

有一次，班上結合語文與食農，舉辦了「黃金蛋炒飯」活動，過程中我拍了一些照片，後來索性將手機交付他拍攝，指派給他一個任務「負責把活動後製成一段影片」。而我就繼續忙著注意火侯安全與各路人馬的蛋炒飯。

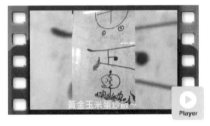

午休時，我允許他繼續後製，一個午休時間不到，他已經把整個活動剪輯成四分鐘的影片，不但有活動名稱、背景音樂、連轉場、效果、字幕統統都有，最後還有「彩蛋」，當下我只有佩服呀！也慶幸自己有這樣的學生。

　　下午我立馬將影片播放給全班欣賞，隨後並上傳親子社團，讓家長也能同步感受那蛋炒飯的香氣！這是第一次我上傳了製作這麼完整的影片。

　　後來，我真的請他來「一對一教學」，教我怎麼使用這個APP。當然我是學會了，不但自己能將班級活動剪輯成影片，還逢人就分享這好用的APP，我只能說：「關於科技，我是學生，而學生才是我的老師！」

　　以前不識字稱為文盲，現在不會科技語言，就真的是文盲了，不用等到未來。當科技一直在進步，老師除了教學策略要更新外，教學與班級經營的工具是否也要升級呢？別再只死守著親子手冊不放，趁學生可以也願意教我們這些老師時，趕快免費學習新科技吧！讓自己的教學與班級經營都能持續更新升級。

補充包請+1

　　親子社團的直播功能，除了寒暑假活動作業外，其實日常教學也能比照辦理，例如，低年級生活課的「技能展現──家務整理」，或是各年級均適用的「好書分享」，甚至各班特色的活動「料理上桌」等等，還有一堆不一定要用紙筆的作業，都可以讓學生透過影像方式來呈現，跟未來的趨勢接軌。

　　對了！還有別忘了拉家長進來，讓家長也來「交作業」一下！

教室就是夜市
紙箱變身彈珠臺

 日常點子起頭

　　小時候去逛夜市，看到彈珠臺最愛打上一局，在那個年代能打一局已經很了不起，最常出現的結果就是7-9排的糖果一顆；運氣好，來個5排或12排就可以得到飲料。對那時的我們來說，不是小確幸，而是一大幸福與滿足。

　　長大了，去逛夜市，看到彈珠臺偶爾會想試一下運氣，雖然現在知道那是一種機率問題，也知道得到糖果的機率很高，但仍願意花個幾十元玩上幾局，跟著小孩一起打呀打！

　　後來在風景區或觀光地區，會看到一些用木頭製作的小型彈珠臺，精巧美麗，但就是貴了點。心裡想，如果要玩就花個幾十元夜

與兒子在家完成紙箱彈珠臺

市打打就好，買的動機也就沒那麼強烈了。

　　恰巧兒子很愛動手「廢物利用」，有次就這樣跟著他在家完成了一個紙箱彈珠臺，這個故事就先賣個關子後面再說囉！

　　當時剛好也教小二，腦袋閃過一個念頭：可以帶著小二生當創客嗎？

　　後來我還真的這樣做了，帶著孩子當創客，每個人還真的都完成了一個彈珠臺，也正中了近幾年崛起的創客風。

點子狂想運作

　　我先將在家完成的彈珠臺拿到學校給孩子看，目的當然是引起動機！接著，跟他們說老師要帶著他們做，果真大家還真的都很期待，下課就迫不及待的先試玩。

一、善用班級臉書親子團公告

利用親子社團來解說這次的創客課程，包含：

1.上傳已完成的彈珠臺，告知將帶著孩子動手做彈珠臺。

2.請PAMA開始尋找紙箱。沒有紙箱需要其他家長提供的請留言，這活動一定要有一塊紙板當成彈珠臺的底座。

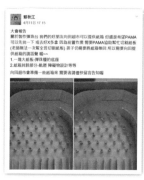

利用社團公布活動訊息

二、學校引導創作 + 家長協助

在學校先教孩子製作幾個零件——障礙物與軌道，每個孩子都用紙箱剪成的紙條捲成一個一個圓柱形；再利用紙板剪成一條一條的長方形當成軌道。

接著讓孩子帶回家，請PAMA協助裁切（紙箱有些太厚難以剪裁）並讓孩子在家先完成20至30個紙圓柱障礙物及5-10條長方形軌道。

最後將一個底座、20至40個障礙物零件（一段一段吸管也行）及10條紙板帶來學校，最重要的是要一瓶白膠。

每個孩子自己設計自己的彈珠臺，障礙物怎麼擺、軌道要幾排、分數怎麼設，都讓孩子自己動手完成，有需要協助的部分老

師再幫忙即可，例如，白膠怎麼上、要黏多久才會穩固，或是軌道要怎麼彎曲，彈珠才比較好打。

　　只是當訊息一公布，許多孩子與PAMA已經蠢蠢欲動，本來說在家先完成零件即可，但一些孩子早就迫不及待的直接完成，也有些是親子一起完成的，接著陸續都帶來學校。其實這樣的親子共做，也是我們樂見的，不是嗎？

整間教室變成了創意工坊

學生動手設計製作彈珠臺

三、同學互相觀摩，也當起小老師

　　當真正要創作的那天下午，許多已經完成的孩子，還當起小老師，教那些未完成的同學；有些看到同學設坑洞或是彎曲軌道的新創意，就又開始剪紙板東拼西接的；或是看到別人畫上圖案寫上分數，完成的又繼續加工到更棒。因為有許多小老師的協

助，當天下午二節課，大多數孩子就都完成自己的彈珠臺。

　　為了等白膠乾，所以我請在家已經製作完成的同學當起「夜市老闆」，其餘同學當客人開始玩彈珠臺。而老師就只需事前購買大量彈珠，一人12至15顆，孩子就可以開始用尺打彈珠。

四、整個教室都是我的夜市

　　每個老闆為了吸引客人來玩，都祭出了各項大獎勵，頓時整個教室變成了人聲鼎沸的夜市。太熱鬧啦！而且每個人的彈珠臺都不太一樣，各具巧思。

　　第二天全班的彈珠臺都做好了，我把這些彈珠臺擺好放在教室，下課時許多孩子就自動跑到彈珠臺區去玩了。老師當然也祭出獎勵挑戰老師的彈珠臺，選出打出最多排與最少排的給予獎品。

整個教室變成瘋狂夜市玩彈珠臺

加速增強功力

誰說小二無法當創課,其實每個孩子都很愛動手做,就看大人給不給舞臺與時間。

一、免費好玩玩具

學生自己當創客動手做玩具,了解到好玩的玩具不一定是要花到錢的。

二、成就感大爆發

學生可以依自己的想法去創作,完成一項玩具會讓自己更有成就感。

三、彼此觀摩

同學互相教學,也彼此觀摩共同學習,讓作品愈來愈好。

四、滾動式修正

玩的過程中,當學生碰到問題時,像是彈珠不好打,會主動去尋找方法解決,同學也會很熱心提供意見。

 ## 素養教學眉角

如果在中高年級實施,可能只需要跟學生說明就可以運作,但在低年級實施時,仍需要注意一些細節:

一、家長協助

　　如果沒有通訊軟體可以說明，也至少利用紙本簡易說明，讓家長可以協助準備材料，務必大家都要有足夠的材料。

二、事前教學

　　活動目的是要孩子自己動手做，所以事前說明與教學就要更詳盡，部分需要厚紙裁切，老師也可以協助，避免有學生在無家長協助下，無法參與。

全班都是玩具創客

後記日常說說

　　兒子很喜歡拿著各種紙箱做東做西，有次買了一箱爆米花，看著盒子本來要拆解丟掉的，突然腦筋閃過一個想法：「我們來做彈珠臺好不好？」

　　兒子一聽，開心的直說好，不過心裡應該想著媽媽怎麼了？這次竟然主動邀約用紙箱來創作？

　　於是我們母子開始分工，我負責剪裁紙箱，接著教他如何將一條一條的紙捲成圓柱體，就是彈珠臺上的障礙物（外面都用釘子），然後再剪一段一段的紙板，當成軌道及分隔排，當所有零件都完備，就開始組裝。

　　一人負責擠壓白膠，一人負責黏在底座上，互相合作，其實不用花很多時間，彈珠臺就大功告成。隔天等白膠乾了，兒子自己在板上創作塗鴉，我們就開始玩。還真的玩到停不下來！

　　只是大家都知道，這種紙箱創作每次做完都很「占空間」，但家裡又不是豪宅到可以容下所有創作。所以後來我們就想到一種方法，做完後玩幾天，接著拍照留作紀念後就拆掉回收。

　　這樣的創客彈珠臺證明了**只要給了舞臺，加上老師或家長的引導與協助，小二生也能當起創客**，自創有趣又獨特的彈珠臺，過程中學生不但有動手做、也有思考解決問題，更有與爸媽的親

子共創，讓彈珠臺不再只是彈珠臺，而是創客精神的展現！

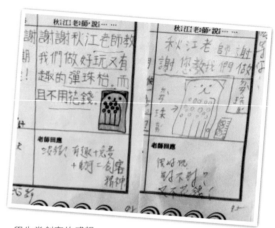

學生當創客的感想

有PAMA還LINE老師「跟孩子一起創作，親手做彈珠臺，孩子還說真棒！都不用花到錢就有玩具，而且還很好玩！」的心情分享。

的確，利用不要的紙箱，帶著親子一起當創客創作，這過程與成果都是彌足珍貴的。當然了，你還可以讓彈珠臺發揮更多功能，讓彈珠臺不再只是彈珠臺。

一、結合節慶來玩

做完彈珠臺，讓學生放在教室玩一陣子，恰好碰上母親節，靈機又一動，將每一排改成「幫媽媽按摩」、「陪媽媽聊天 」、「陪媽媽逛街 」等媽媽會喜歡的事情，如此一來，也讓母親節變得更歡樂童趣。

二、班級經營，當成獎勵

類似抽抽樂，每一排都有獎品標號：彈珠打到哪一排就得到哪個獎品。

結合其他相關節慶與教學，
讓彈珠臺有更多功能

三、數學教學九九乘法

　　將每一排分別寫上0-10（至少11排），讓學生打彈珠：打完後利用所學的九九乘法來計算分數，例如，3顆打到9分：就是9×3=27，最後把全部分數加總：就是該生的得分。

四、學校園遊會

　　學校有舉辦園遊會時，可以擺出來讓學生當老闆，相信一定大排長龍深受歡迎。

補充包請+1

　　紙箱只能做彈珠臺嗎？當然不是！如果老師要在中高年級實施，學生的創作就更五花八門，相信他們不會只想做彈珠臺，而是有更多自己的想法，例如，扭蛋機、投籃機、迷宮、彈射球、彩票機都出現了，還有各式各樣的自創玩具都在學生的巧思創意下變出來，只要老師給出時間與舞臺，相信班上就會出現驚人的自造客。

冠軍錦旗由我設計
誰都能上臺代表領獎

 日常點子起頭

　　每年到了某一時期，全國各級學校都會舉辦運動會，不管學校規模是大是小、活動規模是半天或整天，管他市區、偏鄉或「不山不市」的學校。為了凝聚班級向心力與爭取班級榮譽，老師們多半都會帶著孩子在賽前一起練習賽跑或趣味競賽等項目。

　　為了讓班上孩子感受運動會的氣氛，也讓孩子對班級榮譽有更深的體認，曾經設計了「整個走廊都是我的運動場」的藝文課程，讓每個孩子都在紅色跑道上用自己的熱情來奔跑；而為了讓孩子能為班級榮譽而共同努力，結合了藝文與語文課的「平面設

計」，孩子自己設計運動會的「冠軍錦旗」，也為即將到來的運動會注入一劑必勝強心針。

 點子狂想運作

每個學校的運動會獲勝班級不外乎頒給獎杯、錦旗、獎牌或是獎狀，而本校運動會在團體賽部分會頒給優勝隊伍錦旗一面，因此老師可在運動會前，讓學生透過藝文課的平面設計，來設計自己的冠軍錦旗，除了可以讓孩子學習錦旗版面的設計外，也提前感受「勝利」的喜悅。

一、錦旗設計參考

網路搜尋「錦旗」就會出現一堆各式各樣的錦旗，不僅樣式各異，內容也大不同，有些是正式比賽的錦旗，有些是搞笑風格的主題，老師都可以找出幾個不同風格的設計讓學生參考。畢竟我們教學上讓孩子設計的錦旗並非正式的錦旗，所以老師可以讓孩子有更多的想像與創作空間。

二、白板範例教學

通常錦旗版面分三部分：右（上）邊活動主題內容、中間名次及左（下）邊的署名祝賀。老師可藉機教學：

1.校慶基本訊息： 像是：校名、幾週年、比賽項目等。

整個走廊都是我的運動場+冠軍錦旗飄揚

2.名次的名稱： 冠軍就是第一名，其他依序是亞軍、季軍與殿軍，這個學生比較少聽過，剛好可趁此機會教學；除了名次，也可以是特優、優勝等不同的名稱，不過通常運動型比賽多數以冠軍系列或第一名系列來設計。

3.署名祝賀： 這裡通常是學校校長及家長會長的名稱，讓學生知道「校長的名字」也是很棒的教學；但是如果結合一點搞笑KUSO，例如，變成「XX國小親師生同賀」、「全世界狂賀」、「高雄市全體民眾祝賀」等等讓孩子自由創作，也不錯。

三、錦旗設計

講解完文字內容，接著就是圖案設計，因為錦旗的版面有

限，所以就將比賽項目跟名次的文字做一個圖文結合，例如設計大隊接力錦旗，就將有關大隊接力的元素放入：跑道、接力棒、選手等；又如設計趣味競賽錦旗，就將有關趣味競賽的元素放入：球拍、球等（依各年級不同的項目而異）。

學生攝得的冠軍錦旗並預演上臺領獎

　　接著讓學生設計自己錦旗的外型，可以是最常見的形狀，也可以自創。

四、每個孩子都是冠軍

　　當每個孩子設計出自己的錦旗後，讓孩子結合藝文課的藝術表演課。拿著自己設計的錦旗，站上頒獎臺（老師可以任意用班上的物品變身），想像自己代表班上上臺領獎的心情並表演出來，老師可以加上配樂並捕捉那瞬間的榮耀，為孩子留下一個珍貴又有趣的領獎瞬間畫面。畢竟每次得獎要選誰代表上臺領獎，老師心裡其實都很糾結呀！大家真的都很棒！可以把頒獎臺變大嗎？

學生創作冠軍錦旗並預演上臺領獎

最後，還可以來個全班票選，看誰的表情最到位，完整呈現得到冠軍時的心情，或許真的有機會上臺領獎（但要真的得獎啦）！

五、旗海變身裝飾

老師將全班每一面錦旗都懸掛在教室內或外，不但可以當成教室布置，也讓整間教室充滿著運動會勝利的氛圍，相信孩子會更期待運動會的到來，也能激發全班努力朝目標前進！

加速增強功力

雖然只是一個藝文教學活動，但別小看它，小小的活動卻有大大的成效。

一、學生的榮譽心

讓每個學生都能代表班上「上臺」領獎，雖然是在班級，也能感受那份榮耀。

二、實地預演

讓每個學生都「預演」過一次領獎，真要上臺也能展現大方與自信，或許可以解決老師每次揪心挑人的問題。

三、凝聚向心力

班級瀰漫運動會氣氛，學生對運動會會有更多的期待，產生更大的激勵效果。

全班人手一面自創錦旗

四、統合教學

　　一次把運動會的人事時地物均濃縮在一面錦旗中教學並呈現出來，讓錦旗有更強大功能。

素養教學眉角

　　不管是低中高年級來實施，看是一面簡單的錦旗，其實蘊含不少訊息與教學點可操作。

一、設計不設限

　　錦旗外型可以讓學生自由發揮，不用特別去設限既有的版型，雖然多數還是會做出相同的形狀。

二、內容清楚呈現

　　內容結合語文的部分，老師可以順帶教學，尤其冠亞季殿軍的名稱，甚至校名、校長名字都要一一寫清楚在白板上，否則真的有人會寫錯呀！不要說中低年級，高年級都有可能連校長是誰都不知道呢！

三、示範演出

　　上臺領獎結合藝術表演，可以先請平時活潑或班上開心果上臺示範，相信會帶出不一樣的表演風。

四、全面上架

　　每一面錦旗都是獨一無二，當然要全部懸掛在教室內外，一面都不能少。

後記日常說說

　　記得有一年接了同行口中所謂的「後母班」（就是接別人帶過的班級，老師因各種原因，必須要有一位新導師接手，而這位老師就成了「後母」），在運動會前一樣帶著孩子玩「錦旗設

計」，藉機就問問班上孩子一年級的運動會成績，果真低年級就是四個字「天真無邪」！

「老師，我們好像是第九還是十，反正就是很後面的啦！」

「是這樣喔，那你們想不想拿前三名呀？」順著他們的話來問。

「想呀，但應該不可能！我們很弱的。」

一陣七嘴八舌的說起一年級的「盛況」，我認真的聽完，正好藉此「機會教育」，回應他們的期待。

「那我們來挑戰前三名，好不好？只要你們願意接受『魔鬼訓練』並相信老師與自己，就一定有機會！」

全班的學生竟然都異口同聲回我：「好！」

所以我從「整個走廊都是我的運動場」、「冠軍錦旗的設計」的軟性課程開始，先營造運動會氣氛與有機會前三名的氛圍，到每天晨光運動或下課學生自主的「魔鬼訓練」，別誤會！就只是個看似很威的代名詞！整個月下來，我以過去帶班與得獎經驗告訴自己，這個班目前的實力真的有機會「坐三望二搶第一」！

猜猜！最後結局如何？

我們的實力與速度的確很快到達終點，從秒數來看，跟我事前預估的名次也非常相近。但是，很可惜！最終的頒獎我們卻與所有名次「擦肩而過」！為何會這樣？這又是另一個故事的開端，以後慢慢再說給大家聽。

每年學校都有運動會，老師的職責就是凝聚班級向心力，帶領著班上孩子共同爭取最佳成績。雖然我們知道結果不是最重要的，而是結果之前的一起努力練習、共同凝聚向心力的過程，但如果再加上努力後獲得甜美的果實那就更棒了！畢竟孩子在經過努力後都希望能贏得最終勝利。

透過錦旗設計的教學，讓孩子對「結果」有感，更知道大家要共同努力奮戰，就有機會抱回優勝錦旗。如此一來，不但上了一堂有趣的「平面設計＋藝術表演」的課程，也凝聚了整個班級學生的向心力。

其實學校也可以開放「錦旗設計」比賽，不要讓錦旗永遠都長那個樣，才不會把孩子的思考給框住了！學校放開手，錦旗更搶手！

最後，你可能想問我，孩子失望嗎？當然！連我都失望透了！但是實力是不會騙人的！所以最後我們仍開心享用獲獎該有

的獎勵，還額外得到意外之賞；而且我們也的確在接下來的跳繩
競賽中奪回亞軍錦旗，證明了孩子的努力與實力。

學生設計自
己的姓名並
搞笑演出

補充包請+1

每到期末，就是每位老師最忙碌的「週年慶」，應該比百貨公司還
要忙碌吧！不但要算成績，還要打評語，許多老師期末還會有班級內的
小頒獎。

這時，老師就可以結合期末反省與檢討，讓孩子為自己設計一張特
別的獎狀頒給自己，例如，「最佳熱心服務」、「勇闖困境獎」、「最
優搞笑獎」、「拖地最股力（勤勞）」等，讓孩子先了解自己的優點，
再設計出屬於自己風格的獎狀與名稱，應該會是個很不一樣的期末活
動，也可以省去老師絞盡腦汁的想得獎名稱與製作相同的獎狀。

或是開學初讓學生用各種元素設計自己的「姓名」，再結合藝術表
演，效果跟「笑果」都十足！

聖誕節不只是聖誕節
真情告白也上場

 日常點子起頭

當過導師的總會有這樣的經驗：一開學就要先準備迎接學生回來的收心操或開學樂，小一新生活動更是盛大；接著教師節及中秋節來了，想完忙完辦完活動後，雙十國慶日又到了，更不用想接著來的外國人節慶，什麼萬聖節、感恩節、聖誕節，以及臺灣的跨年、過年的。老師們有沒有想過算過，光是上學期遇上的節慶，就要準備多少活動搭配課程與班級經營？就不要再去遙想下學期了……

　　不過老師也不用太擔心焦慮，現在的網路平臺發達，許多老師在不同社團中都無私上傳許多教學活動，只要「估狗」大神一出來，立馬出現幾十筆甚至上百筆的教學活動資料供老師使用或參考，熱門節慶更是好幾十頁的資料。

　　從發想、設計到實施，每個步驟說得清清楚楚，還附上照片、學習單或附件，甚至做到一半出現問題，還有免費熱情的線上答覆。所以只要老師有心有時間想做，通常都不會是問題。

　　教書教到已經領「資深優良教師」的我，每年也都在這些教學、活動及節慶日常中一年一年度過。雖然節慶年年都不變，好像很無趣；但活動隨著年段、學生、想法或社會流行趨勢的不同，就會不斷修正、更新再升級，也能讓你年年玩出新創意。

　　而這些節慶，以西洋節慶來說，最多班級在玩的莫屬「聖誕節」！但近年來因英語的熱門，「萬聖節」也有急起直追的趨勢。

點子狂想運作

　　就拿12月熱門的聖誕節來說，這是我每屆班級的年終大戲！不管在教學上，或是班級經營及教室布置上，都與聖誕節緊密結合，做成一系列的教學聖誕趴。

一、十二月聖誕感恩月

首先，我將12月訂為聖誕感恩月，而不單單只是一個聖誕節日，活動會從12月1日開始起跑，為期一個月到12月31日止。相關的活動除了在課堂上說明，也都會在班級FB親子團及家族報公告，讓班級的PAMA也能一同參與。

二、創意聖誕襪來布置

請每個學生準備一個聖誕襪掛在教室窗邊，但務必告訴學生：

「家裡有的就帶來，沒有的請千萬不要再去買，而是自己創作！用紙袋自己創作設計出專屬又有特色的聖誕袋。」甚至有一屆我直接請全班均設計「聖誕襪」；而且直接搭配紙袋原本的圖案結合聖誕元素來變妝，效果十足。

所以當聖誕襪一整排掛上去，聖誕氣氛就出現了，教室布置也完成一大半。老師也可以結合藝文課創作專屬又獨特的聖誕襪，誰說聖誕襪一定要襪子形狀呢？

自創聖誕袋更吸睛

三、聖誕襪不只是聖誕襪

感恩教學：聖誕襪當然不能只是用來教室布置，它還有一個功能強大的隱藏版功能「感恩教學」。

我請班上每個孩子都要回想這一年中想要
感謝或祝福的同學，每個人至少送出三張卡
片到其他人的聖誕袋，老師則免費無限量提
供紙張，最後要找出「送出最多祝福」的前
三名，不是收到最多祝福的！

學習分享聖誕小禮

三、提供宅急便服務

這是放學後的「代客送信」，因為有
些學生不好意思在下課時間大庭廣眾下送卡片給某
人，這時就有勞老師了！

有些PAMA也會將要給孩子的聖誕節大禮托老師宅急便呢！
還有PAMA更會當起聖誕PAMA，準備糖果餅乾或小文具來發
送。不過，我還是會三不五時提醒學生：「聖誕袋主要是傳送
祝福與感恩的，糖果餅乾是額外PAMA給的歡樂小禮！」雖然如
此，糖果餅乾還是常常多到需要「排隊」才能發送出去，這時老
師可控管一天發送的量。

因為這樣的活動，孩子每天來學校，都好期待自己的聖誕袋
收到多少祝福。而每次都有貼心的學生會幫老師準備一個聖誕袋
我都請他們用紙袋創作。老師當然也要參與，你會發現你也會跟
著學生一樣期待每天的聖誕驚喜！

四、家庭聖誕樹創作

　　除了聖誕袋掛滿教室，還利用了前後大門創作整棵聖誕樹。每個學生都帶回二張綠色紙張，深淺色可混搭。讓學生邀請全家人一起創作「手印聖誕樹」，家中的阿公阿媽、PAPAMAMA、哥哥姊姊弟弟妹妹，或是同住在一起的親朋好友統統可以一起來印手印，並將手掌印剪下來帶來學校。

　　老師只需要先將大門貼上黑色背景，接著請孩子開始將手印手掌一個一個塗上膠水，由老師在旁引導，孩子自己將手掌一個一個貼上去。結合全班全家族手掌印的家庭聖誕樹就成形了！最後請學生畫上聖誕裝飾品貼上去，邀請大家寫上祝福卡掛上去，這二棵鎮守在前後門的親子共創的家庭聖誕樹可以一直歡樂到學期末呢！整個教室都是學生的聖誕屋。

　　當然各組創作小棵聖誕樹也行，有時我還帶著中年級學生創作立體聖誕樹或聖誕櫥窗，都是在手掌印上做變化再升級而已，每年創作出來的作品都令人驚豔。

一起創作手印聖誕樹

送出最多祝福卡的頒獎典禮

五、真情告白

　　等待活動快接近12月底時，老師利用一至二節課的時間，學生將聖誕袋內全部的祝福卡拿出來。要比賽的不是誰收到最多，而是「誰送出最多祝福與感謝」，送出最多祝福的前幾名就有一點小獎勵，目的就是希望學生能有感恩的心。

　　接著讓學生進行「真情告白」，選擇他收到最喜歡最感動的祝福卡上臺分享，最後再來個愛的握手或抱抱，讓聖誕節不是只有歡樂一下，而是在歡樂中更包含著許多感恩與祝福，也讓學生懂得如何表達感恩或祝福他人。當然也可以選擇12月31日，結合跨年來個「迎新送舊」。

加速增強功力

聖誕節不是一天活動就解決了，透過一系列的活動串聯，雖然是西方節慶，也能教出許多東方人的「生活與倫理」呢！

一、動手自造

學生自己動手創作聖誕袋，不但環保也省費用，更是自造客一族，讓各種紙袋有了全新的面貌與價值。透過大方上臺分享，並擁抱同學，學會勇敢表達內心的情緒與感受。

圍著立體聖誕樹，一起準備真情告白

二、情感表達

　　學生透過小卡傳遞祝福與感恩。

三、跨域結合

　　卡片結合了語文教學，讓學生利用語文力傳達感恩與祝福。

四、班級向心力

　　把學生與家長一起拉進班級活動裡，家長贊助

學生大方真情告白中

小禮物當起聖誕帥爸美媽，學生互送祝福，凝聚班級向心力，也讓班級經營更順暢。

素養教學眉角

　　整個月都是聖誕感恩月，每個細節都要環環相扣，才能做到聖誕節不只是聖誕節！

一、加入教育意涵

　　雖然是西方節慶，但節慶界線已趨模糊，老師依舊可以變化更改有教育意義的活動，就能避免曇花一現。

二、鼓勵學生

　　鼓勵大家多主動送出祝福卡，不要被動等別人先送。對於祝福卡收到很少的人，老師也要多留意並鼓勵學生多送出祝福，或私下請某些學生送出祝福。

三、糖果餅乾的限制

　　許多爸媽會提供糖果餅乾當聖誕小禮，但老師要適度且分流，不要一天給予太多，甚至鼓勵學生帶回家與全家共享，有些家庭是會限制孩子吃糖果的，所以也可以請孩子當作祝福再轉送其他同學或帶回家。

四、性別平等教育

　　真情告白要多注意避免學生亂起鬨，尤其是對異性時要特別留意，讓學生知道感恩祝福是不分性別，事前說好遊戲規則，適度引導，學生心態就不會偏差，尤其是高年級。

五、惜物觀念

　　務必叮嚀學生「聖誕襪」是拿家裡舊有的，就算沒有，也要利用紙袋自己創作繪製，而且紙袋容量大又好裝，但一定要自己設計或繪圖過才行，才能避免一些學生隨意拿個紙袋就要掛上去，這也是一種對活動尊重、對自己負責的態度。

六、尊重隱私

　　聖誕襪是每個人的私人物品，所以務必也叮嚀學生除了放祝福外，不能去翻動其他人的聖誕襪，這是一種尊重他人的表現。

後記日常說說

　　每年的十二月一到，就是開始為期一個月的感恩祝福月，而每一年總有學生會主動幫老師我做聖誕襪，與其說是襪子，倒不如說是「聖誕袋」、「聖誕盒」較貼切，因為我都會請他們廢物利用即可，但做來的成品可是都變黃金呢！

　　在這個月，學生下課最常做的一件事就是去看看自己的聖誕襪是否有新的卡片或東西，只要一有新卡片，臉上表情就會露出藏不住的喜悅！但老師你也知道，每個學生的人緣本來就有差別，有人可以收到很多張祝福，有人卻收不到……。

　　每一次的活動，不管我事前再怎麼鼓勵與引導，總會碰到班上某些「邊緣人」或人緣較差的學生來跟我說：

　　「老師──我連一張祝福卡都還沒收到……」

　　「這樣啊──沒關係，老師教你一個方法，先主動送出很多卡片就會有人回給你了！」

　　接著，我會在班上明示加暗示，如果收到人家的祝福，希望可以回贈祝福給對方，而這也是一種禮貌的表現。

　　果真，沒多久，這學生喜孜孜的來說他收到ＸＸＸ的卡片！

　　聖誕節真的不只是聖誕節，老師可以借力使力的教學點很多，就看各位如何去轉化運用。

　　有次看到網路一張圖片，第一眼看到是不經意的笑了出來，但再細看圖說，就覺得有點哀傷──的確，「平平都是神明的生日」，為何西方的神就有聖誕節可以大肆慶祝，而一堆我們自己的神明生日在校園或生活中卻靜悄悄！如果你曾經跟我一樣看過這張圖片，是否也有同感呢？一股淡淡的憂傷油然而生。

補充包請+1

　　其實很多節慶都可以這樣辦活動，不一定要在聖誕節，我就真的聽過有老師不在這節慶辦任何活動的。那老師可以選擇在「跨年」或「農曆年」來舉辦，更符合了臺灣人自己的節慶味！在「跨年迎新趴」讓孩子透過共同創作「年代數字」來迎接新的一年，並說說自己的新年新希望與反省過去。

　　而「農曆年」雖然多在寒假間，但一樣可以在期末考後來玩一系列的活動，例如，抽紅包說好話、創意春聯吉祥字，迎新送舊等等，都可以讓學生回顧一年並感恩祝福他人。

期末大健檢
家禽也能變身千里馬

 日常點子起頭

　　每到期末，就是老師為孩子打成績打評語的時候；一個是數字的成績，一個是文字的評語，不論哪一種，都代表著學生在這學期的整體表現。

　　除了老師給學生成績，學生也能給自己一份「成績單」，透過自我反省與檢視，給自己這學期的表現下一個完美的註解。

　　家長當然也不能置身事外，畢竟孩子是自己的！總要為自己的孩子打一份最特別的「心內話成績單」！

 點子狂想運作

　　每個老師的班級經營都各自有一套標準與模式，老師可以各自的生活課程或綜合課程，並結合自己的帶班風格與特色去著手設計，可以包含勾選與文字描述二大類，就像選擇題與問答題一樣。

一、勾選題目

在勾選類部分，先列出幾個大方向，例如，「品德」、「課業」、「生活」及「老師特訓」（比較像是班級特色）。

接著，再從這幾個方向去細列出幾個小項目，而這些項目都是平時跟學生講過或提醒過的：

「品德」方面：「有事發生，我不會跟同學打架或吵架，而是告訴老師」盡量以學生主體並正面敘述為主，因為有些孩子不會主動將事情告知老師，而是等其他同學或家長來說了，老師才知道，立即處理的黃金時間已過。

「課業」方面：「上課時我會大方舉手發表，與同學分享我的想法」，則是老師想要達到的上課模式與學生的互動關係。

「生活」方面：「我不會排擠同學或搞小圈圈，大家都是同學，NO霸凌」，是希望孩子尊重與彼此互愛。

「老師特訓」方面：「我會知道自己在某一項目是很棒的，不用跟別人比較」，就是呈現每個老師帶班的個人品牌與教學特色及中心價值。

除了這幾大項目，老師都可以依據自己的帶班經驗與個人帶班風格去設定，讓學生用勾選的方式來檢視與反省即可。

二、問答題目

　　重頭戲是文字描述類，讓學生自己用「文字 + 圖畫」去呈現出自己「值得按讚的事情」（優點或是最棒的都行）、「需要反省的事情」（缺點或是需改進的都可）及「最喜歡的班級活動」（最喜歡的課程、班級規定等等，但限定在班級自己活動而非學校性活動，否則容易有人就寫去年戶外教學或是運動會等等而失去意義）。

三、家長題目

　　另外，再加上一欄「PAMA也來參一腳」，則是可以讓PAMA也來認真想想自己的孩子這段時間的成長，以及對班級活動的看法。而「最喜歡的班級活動」算是另一種給老師的教學回饋，老師也可以針對內容來檢視自己的教學與班級經營模式，是否需要修正或持續。

四、學生開始回顧健檢

　　回顧單設計好後，不是印完就發下去讓學生自己填寫，而是老師先逐項說明，可以結合上課內容與平時新聞時事教學的回顧，讓學生了解後再依自己的情況作答。最重要的是讓學生知道，這非考試或測驗，沒有標準答案，更沒有對錯問題，只需真心誠實。

　　勾選方面僅設計三選項，如果介於之間，也能讓學生勾選在二欄的線上；文字部分，則需要經老師引導，孩子才能更清楚知道如何透過文字清楚描述，非只是簡單寫上「熱心」、「運動」的，而是清楚寫出自己最棒的是「在好朋友難過的時候，我會過去陪他」等完整又具體的文句，最後再加上插圖就更豐富有趣了。

　　記住，老師舉的例子愈多，引導的話語愈多，學生寫出來的內容就愈豐富愈精細，相對的也是做了一次更深的自我檢視。

加速增強功力

　　這樣的期末回顧大健檢每學期末都可以來上一次，對親師生而言，就各具意義。

一、學生了解自己

　　學生透過回顧，能檢視自己的學習歷程，了解自己的優缺點，作為下學期增能的目標。

二、老師活動檢視

　　老師從「最愛的班級活動」了解活動的成效與喜愛度，可作為下次辦活動的依據參考，教學與活動除了目的外，也要能兼顧學生的喜愛度。

三、發覺差異處

老師可以對照給學生的評語與學生自己的評語，看看其中的差異度或相似度，或許更能了解學生或發掘更多驚人祕密。

四、增加親師溝通

老師從家長的回饋中，可以知道家長對班級活動或教學的參與度與熟悉度，更是一種親師溝通與經營。

素養教學眉角

這雖然只是一張 A 3 的文字回顧，但如何使用仍會決定這張所呈現的效用與功效。

一、事前詳盡說明

務必詳盡說明後再讓學生開始填寫，否則回收的就只是「隨意」甚至「隨便」的答案，失去意義。

二、鼓勵完整寫作

學生在校先完成一部分，老師可以先檢視並給予意見，尤其問答題，務必要讓學生寫「完整陳述」，而非幾個字或形容詞帶過，有「要求」學生，才會有「預期」的文字或圖畫產生。

三、同步家長

家長寫的部分也要公告（任何溝通平臺均可）讓家長知道自

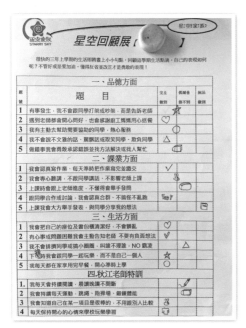

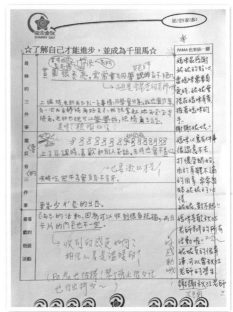

己也有「作業」要完成。

四、回饋

　　老師必須針對每一張給予文字回饋，而非數字分數，畢竟不是考試，而是每個學生對自己的「健檢報告」！

 後記日常說說

　　每次當我收到這張回顧展時，猜猜看，我都先看哪一部分？哈哈，就是問答題的最後一題「最喜歡的班級活動」！

　　收來時我會先大致檢視，眼睛與腦袋開始快速瀏覽學生最喜

歡的活動到底寫了哪些？是否跟我預期的雷同。

怎麼說呢？身為老師的我們都知道，每學期的活動，不管是教學活動或班級活動，林林總總加起來還真不少，但從實施中及後，老師其實都能立即感受到每個活動受學生歡迎的程度，也能從親子平臺上了解家長對活動的支持度。

所以當我看到哪幾項活動是學生及家長到期末回想時最有感的，而且能脫穎而出被寫上去，就會快速與我預期的活動做一個連接，其實這是很有趣且奇妙的感受！

就拿每一屆都會有的「教室小農」來說，相關延伸的活動就會有一堆，而這也是不少學生的最愛，隨意煮個玉米濃湯或鮮蔬魚丸湯就變成學生眼中的「賴大廚」，學生的文字是不是也給老師許多正能量了。

最後，我還會來個統計，最受學生喜愛的前三名活動，果不其然，幾乎就是每一屆都會辦到的熱門活動，很多其實都在這本書當中──就自己猜猜看吧！或許可以當作你接下來班級經營的主軸呢！

你可能會發現「唉，怎麼找不到有關任何『教室小農』的活動呀？」好吧，只能說這活動與故事實在太多啦！應該一本都寫不完就下次再討論。

最後還是要說，每當期末考完試，有些老師會安排活動，有些老師會開始下學期新課程。或許你可以找個1～2節，固定帶著學生來個學期總回顧，就像「年度健檢」，教學也是需要體檢的！透過學生自我檢視、家長的回饋，都是老師未來教學的一大良方。

更重要的是，讓學生透過年度健檢，了解自己的強項，家禽也能讓自己變身千里馬，否則就可惜了，而你就是那個「隱形的伯樂」。

補充包請+1

其實除了老師給學生的成績單及學生給自己的成績單外，還有一種成績單，就看你願不願做了！那就是「學生給老師的成績單」，這其實是期末回顧大健檢的其中一小項「最愛的班級活動」的放大版，也跟之前著作中提過的「我是大明星老師版」雷同，讓學生也對老師這學期的班級經營、教學與活動，打個評語吧！

從中你就會了解學生對老師的看法、對班級教學的想法，或是對哪一個單元及活動給予最高（低）評價呢！

這些都可以當作自己未來教學的修正方向，畢竟我們都還要當老師很久呢！

Part 3
語文活動 神助攻

讓你秒懂我
用九宮格翻玩自我介紹

 日常點子起頭

以學校的運作，教務處會在七月完成編班，老師在八月知道新的班級，老師們可以有哪些作為，讓自己更了解孩子呢？

可以進行電話家訪，可以查閱學生的輔導紀錄，也可以拜訪低年級和中年級老師，藉此讓自己對於孩子的過去，有更加完整的面貌，提前了解孩子及家長的需求，採取積極性行動。

但是，亦有另一派說法，主張不接觸孩子任何過去的點滴，避免戴著有色眼鏡來面對孩子，讓孩子在新的年段中，換了新的環境，換了新的老師，換了新的同學，「昨日種種，譬如昨日死，從後種種，譬如今日生。」孩子有了一個嶄新的開始，也許過去的壞習慣，就少掉故態復萌的機會。

而我，習慣掌握所有的訊息，讓自己能夠洞見孩子需要我先介入之處，因此我會進行電話家庭訪問，主動出擊介紹自己是新班級的導師，讓家長有個先入為主的好印象。同時，翻閱輔導紀

錄，以表格記錄孩子有什麼特殊需求，避免在新學期開學最忙時，造成班級步調混亂。

然而，我們所閱讀的紀錄，都是從他人的角度看孩子，如果讓孩子設計一份自我介紹，孩子不但能呈現自己的樣貌，也能好好的認識自己。因為這樣的想法，開啟了這一次的教學。

姓名：		
學業：	生活常規：	健康狀況：

 ## 點子狂想運作

從一年級開始，老師就會教孩子進行簡單的自我介紹，例如，姓名、班級、喜好等，但高年級可以如何呈現更不一樣的自我介紹呢？我從簡單的萬用九宮格入手，讓自我介紹更有方向，也具創意性。

1.一個夢想	2.兩個專長	3.三個缺點
8.八個改變	姓名＋自畫像	4.四個優點
7.七言姓名藏頭詩	6.六個好友	5.五本最近閱讀的書

在這九個格子裡，要寫下哪些內容？從中可以認識孩子，了解孩子？以下介紹書寫內容的用意：

一個夢想

當時，孩子在國語課的第一單元，就是以「夢想」為主題，從課內的夢想談及自己的夢想，連結孩子在高年級的職業試探，呵護孩子擁有夢想，朝夢想邁進。

兩個專長

老師可以參考孩子的專長，在選舉班級幹部時，讓老師可以加入更多的考量，甚至以孩子的專長來設置新的幹部。

三個缺點

孩子所寫下的三個缺點，當作兩年改進與成長的目標，老師可以協助孩子改變。

四個優點

老師可以參考孩子的優點來安排各種工作，如：掃地工作、班級幹部等，讓孩子在對的位置發光發熱，同時也提醒孩子你是多麼優秀！

五本最近閱讀的書

從孩子喜歡閱讀的書中，看看孩子喜歡閱讀哪類型的讀物，當老師和孩子聊書時，可以從中推薦孩子喜歡的書籍，或是補充

其他類別的書籍，減少閱讀偏食的現象。

六個好友

　　我的班級是美術班，故於四年級升五年級時，未重新編班，所以從孩子寫下的六個好友中，老師可以了解班級的友誼網絡，知道哪個孩子在班上的朋友較少，或者是班上的人氣王，以利班級經營。

七言姓名藏頭詩

　　以孩子的姓名來寫藏頭詩，老師可以在此處看見孩子遣詞用字的能力，也讓自己的名字有正向的意義。

八個改變

　　培養孩子敏銳的觀察力，觀察周邊的人、事、物，產生了哪些改變，讓孩子說一說這些改變對自己有什麼影響。

加速增強功力

　　九宮格是一個萬用的思考工具，適合運用於各領域的教學，能進行摘要練習（結合六何法），也能練習擴散思考，可謂好處多多！

一、洞悉自己

　　孩子對於自己的喜好、優點、缺點，都能有個通盤的了解，這是促進身心素質的其一條件，而這份作業中的第一個選項，即是一個自己的夢想，以此切入生涯發展規劃，不斷追求至善至美。

二、書寫療癒

　　以文字來呈現自己，在書寫中了解自己，更親近他人，這其實是一場心靈療癒的旅程。

三、思考工具

　　九宮格是一個極為簡單的思考工具，思考工具是一種鷹架，能夠引發更多的思考，讓學生容易掌握脈絡。九宮格更可以擴充至八十一格（$9 \times 9 = 81$）的設計，展開更細緻的視野。如在「六個好友」這一格，可以擴充為向這些好朋友身上學到了哪些長處！

孩子的九宮格自我介紹

以九宮格來設計複習翻翻樂，達成自主學習的目標

開學第一個月，孩子的九宮格自我介紹可以當作教室布置

素養教學眉角

在進行的過程，可能會遇到底下的狀況，我們可以先注意：

一、**如果孩子在班上沒有六個朋友怎麼辦？**其實，這一格的答案沒有固定數量，只是方便老師知道孩子在班上的好朋友有哪些人。寫一個有沒有關係呢？當然是沒有關係，就算是空白，老師便能明白這個孩子在班級裡面，比較缺少友情的關愛。

二、這份作業中，孩子比較需要協助的是第七格（七言姓名

藏頭詩），老師可以先在黑板上進行自己姓名的示範，先操作一次讓孩子參考。這個七言姓名藏頭詩，可以另外製作成小卡，再加上圖像，就成為孩子寫七言詩的第一份作品了呢！

後記日常說說

開學的第一週，班上總是最忙碌，師生在不熟悉彼此的狀況下，處於磨合期，這樣的九宮格自我介紹可以讓學生更了解彼此，老師也可以透過學生的表達，更加深入認識孩子。而且依照法規規定，在開學四週內要舉辦班親會，這份九宮格自我介紹，不但可以當作教室布置，讓班親會時，家長可以了解孩子，真是一舉數得。

透過一張九宮格，就呈現自己的點滴，既吸睛又亮點，真的是「讓你秒懂我」啊！

九宮格是老師在教室裡能妥善運用的工具，用在孩子的學科複習上。以國語文領域為例，我們以九宮格的形式來設計「複習翻翻樂」，讓同學們互相交換翻翻樂來自我複習，讓孩子自主整理考試重點。我們先看題目後，再翻開看看答案是否正確，家長們在家也可以用這樣的方式和孩子一起複習功課，讓九宮格翻翻樂幫上大忙。

勸世寶貝
金句撕撕樂

 日常點子起頭

「美言一句三冬暖，惡語傷人六月寒。」猶如在耳，在教室裡，叮嚀孩子們要好好說話，不要口出惡言，是老師的日常。面對「狂飆期」的高年級孩子，除了要讓他們感受「語言的重量」可能會壓垮一個人！當我們可以好好說話時，讓他人感受溫暖，何必口出惡言，讓人感受酷寒呢？

我曾經將許多的名言佳句或是正向語錄抄在黑板上，再讓孩子抄在聯絡簿，以一天一句的方式，積累語言帶來的正能量，但到後期發現：這些金句都是老師自己認為的美言，而不是孩子發自內心的感受。

所以，若能讓孩子記錄下內心有感受的句子，再把如此好句傳播給更多人，如同「贈人玫瑰，手留餘香」，我以「贈人金句，手留餘韻」的想法，讓孩子們將正向的力量帶給他人，藉此展開「金句撕撕樂」活動。

點子狂想運作

　　既然要讓孩子尋找自己有感受，或是受其啟發的佳句，可以從課內外閱讀著手，但要如何與人分享，以有趣的方式呈現，讓孩子不覺得這是個枯燥的活動呢？

　　我想起了在網路還不怎麼盛行的年代，若有人要出租房間時，總是在市公所的布告欄，以「撕撕樂」的方式，讓租客可以撕下電話，方便聯絡。我以這樣的形式，轉化成「金句撕撕樂」的方式來進行。我的運作如下：

一、佳句哪裡來

　　從課本出發：我們曾在課內讀到《朱子治家語錄》，裡面收錄五則簡潔有力的格言，提醒大家日常生活的準則，簡單的文字，卻有著深遠的意義。課本內會出現不少名言佳句，自然是在佳句的蒐集範圍內。

　　從報紙出發：《國語日報》有個專欄〈方向〉，裡面收錄許多激勵人心的小故事，其中不少動人的金句，也值得細細品味。

　　從課外閱讀出發：在我任教的班級，不需要額外寫閱讀學習單，我希望孩子能單純享受閱讀帶給自己的感動。如果他們在書裡有看到感動自己的句子都可以記錄下來，成為自己的金句庫。

　　從生活經驗出發：廣告有許多有趣的句子，這些句子也是簡短卻有著深遠意義的名言金句。

二、佳句如何感動我

　　名言佳句的教學，要能夠連結生活情境，才能讓佳句產生意義，否則只是金句的堆疊。因此我請孩子寫下自己記錄的金句，

在什麼情境下，給了自己怎樣的感受與體會，可以在什麼狀況下運用！

三、撕撕樂製作

發給學生一張八開圖畫紙，請他們對裁後，以直立的方式創作：對裁後的紙，上面三分之二自由創作，三分之一則寫上自己有感、具有正面能量的金句。我以小組共作的方式進行，從自己搜集的金句中，討論出大家都有感的金句，再抄在撕撕樂上。

四、張貼撕撕樂

我將孩子們的「撕撕樂」張貼在窗戶上，讓所有經過的人，都能看見小組分享的金句，路過的同學若是對哪一句金句有感受，就可以撕走，成為自己的珍藏。

將勸世寶貝海報張貼於走廊窗戶，別班同學經過時，也駐足欣賞

加速增強功力

　　這個「勸世寶貝」的活動，讓名言佳句的教學，化被動為主動，並且連結生活情境來進行教學，運用簡單的活動，擴大教學的效益：

一、積累寫作素材

　　寫作可運用的名言佳句，在閱讀時無形中不停積累，成為自己的名言佳句寫作庫。從老師被動提供金句，到學生自主積累金句，讓孩子的學習更加自主。

二、感受美言的正向力量

　　讓孩子接觸感動或震撼人心的句子，靜靜思索其意義，不但可以作為提醒自己的座右銘，也能帶給人安定靜心的力量，更避免總是口出惡言。當自己的金言帶給同學感動被撕走時，在自己的心中，也得到肯定，因為有人和我喜歡一樣的句子。

三、跨領域教學

　　可以結合藝文領域，進行跨領域教學，以「格言小屋」的小書，將自己有感覺的金句布置於小書內。

跨領域「格言小屋製作」

素養教學眉角

名言佳句的金句教學，一定要融入生活情境，讓孩子「學以致用」！

一、教學情境化

老師活化了名言佳句的教學，讓金句在適切的情境中使用，才能發揮功效。

二、介紹金句

原本抄在聯絡簿裡每日一句，可以請同學輪流於每天上臺抄寫，而老師非主動提供，給抄該句金句的同學三分鐘說一說自己對這個金句的感覺與理由。

三、互動式教室布置

張貼在走廊的「金句撕撕樂」，讓小組成員的想法與路過的同學進行交流，若能請撕走該佳句的同學，寫下自己的回饋，則成為更好的循環。

 後記日常說說

正向的語言帶給孩子善的循環，現在的孩子接觸網路的時間早，學習能力又如海綿一般，若無妥善把關，孩子學習網路上不妥的說話方式，是會在班上起漣漪效應。但是，若正面看待漣漪

效應，讓孩子將自己心中的金句，感動周遭同學，讓正向語言視覺化，以「撕撕樂」來增加樂趣及變化，當他人撕走一句佳句時，身上也沾染了正向的力量，古語云：「贈人以言，重於珠玉。」在這個活動中得以體現。

這樣的活動，避免了制式化的抄寫，轉化名言佳句運用於生活情境當中，激勵孩子向上，也喚醒自己的心，更鼓舞他人，增進與他人互動的機會，一起邁向共好的山巔。

勸人向善是老師的工作職責，讓孩子自己擁有體悟，成為自己的「勸世寶貝」，讓孩子心中的感動，流動至另一顆不安的心中。

補充包請+1

這樣的撕撕樂可以運用到其他教學，以考試複習而言，以國語文領域為例，自己可以在底下撕撕樂寫下數個考前重點複習，再將全班的「複習撕撕樂」張貼於教室周圍，讓全班同學可以四處走動閱覽，若發現他人的撕撕樂上，有自己未複習到的重點，就能撕走該重點，提醒自己回家後再進行複習。

生字碎碎念
每週一字老師說

 日常點子起頭

男孩：「我覺得開學之後會很煩，因爲要面對老師的言語機關槍，我的朋友也有説：『又要聽老師碎碎念了。』」

我：「我還有烏茲衝鋒槍系列，希望越來越棒的○○用不到唷！」

這是一段來自我們班小朋友的開學日記。

孩子的童言童語吐露了自己的心聲，但身爲老師的我，總是心裡想：如果老師說了一次，大家就牢牢記在心裡而不再犯，那該有多好啊！老師才不想一直碎碎念。

當週，導護老師在司令臺上說著：「本週是開學週，中心德目是禮節。早上時，要向家人打招呼，在學校看到老師要說老師好。

此外，這週也是友善校園週，我們不能欺負同學，要做到反霸凌……。」

老師在學校有一個很大的工作：時時對孩子耳提面命，但有時候一直「叮嚀」孩子，「叮嚀」到老師自己都覺得心煩。

其實一直唸一直唸《破唱片法（Broken-record Response）》，是肯特夫妻（L. Canter）進行果斷訓練模式最常採用的方法，透過一再重複或類似的要求，**特點是將最初的訊息一再重複，不讓孩子轉移問題的焦點**。既然，老師用言語一直叮嚀提醒，在案牘勞形之際，實在雪上加霜，如果改以「文字」來溫馨提醒呢？將老師的碎碎念視覺化，也讓老師的想法更加顯化！

點子狂想運作

我喜歡在進行班級經營時，結合領域教學來個一魚二吃，達到一舉兩得之效。於是，我從國語課本的生字出發：

打開國語課本生字表：老師在生字表內找出可以運用的生字，將一個生字造兩個詞，再將兩個詞寫成句子，寫成叮嚀孩子當週行事的「每週一字老師說」。例如，第一課的生字列表中，有個生字是「**鼓**」，我造兩個詞，分別是「**鼓勵**」和「**鼓聲**」，當週的「每週一字老師說」的句子為「**剛開學要鼓勵自己勇往直**

前，聽著心中的鼓聲前進。」為了配合剛開學的氛圍，於是老師結合課本生字寫了這樣一個句子來鼓勵孩子。

　　老師謄寫並張貼：老師在星期一早上時，在布告欄貼出「每週一字老師說」，張貼至週五，學生將這一句抄寫於聯絡簿，並將生字詞語以不同顏色標出，當天的短文日記就是根據「每週一字老師說」的省思日記，可以寫自己對這句話的感覺，或是自己有沒有做到這句話的要求。

　　說明句子：老師可以在導師時間時，帶孩子看當週的句子，藉此提醒孩子本週注意事項，或是鼓勵孩子。

加速增強功力

　　生字結合班級經營，發揮一魚二吃的力量，結合班級活動來讓生字教學發揮更多的功效。

一、生字學習

　　老師在班級都會進行「生字造詞」的教學，從一個生字造兩個詞，這個活動可以結合原本的生字教學進行。

二、角色轉換

　　這個「每週一字老師說」的活動，前期由老師進行示範，後期可以讓孩子進行發想，轉化為「每週一字我來說」，由孩子的

角度來書寫，思考要對班級成員說些什麼，或是想要對班級成員建議什麼事情，都可以透過這樣來操作，將腦力激盪的工作交給孩子，孩子可以表現得很好。

素養教學眉角

「每週一字老師說」要寫什麼內容呢？我們可以從底下幾個情境著手：

一、從學校行事曆設計

配合學校的重大行事，以此出發叮嚀孩子。例如，教完第五課，剛好是考試週，第五課有個生字是「考」字，當週的「一週一字老師說」的叮嚀為「剛考完試，好好放鬆一下，考差了再加油就好，人生還有很多考驗呢！」

二、從班級突發狀況設計

記得有一週的「每週一字老師說」為「**柔軟成就不平凡，待人處事要溫柔，願我們都有柔軟的心。**」之所以會寫下這句提醒，起因是兩個孩子間的衝突，說話總是針鋒相對且怒氣沖天，就像是兩隻小小噴火龍，我鼓勵他們要讓心地更柔軟，當一個溫暖的人，把心靜下來，才能感受對方的善意。

三、叮嚀視覺化

這個活動將老師的叮嚀與提醒視覺化，避免「左耳進右耳出」，至少視覺也接受刺激了！誠如導護老師在司令臺上對於每週中心德目的叮嚀，布告欄也會有相關文字的介紹，讓聽覺刺激與視覺刺激雙管齊下。

後記日常說說

老師的苦口婆心，孩子不見得能夠全盤接受，有時甚至覺得老師嘮叨；反之，若小朋友每天下課都來打小報告，老師也會被這樣的疲勞轟炸搞得筋疲力盡。所以我讓孩子「寫狀紙」，寫下自己要打小報告的內容，利用視覺化的效果，看到自己想要說的話，有時孩子寫著寫著便說：「算了！原諒他，這個好像也沒有什麼。」這就是文字的魅力。

　　此外，結合領域教學的班級經營，讓孩子更加有感，老師都是選當週課文的生字，讓班級經營和語文生字教學進行有機結合，老師說了自己想要對班級同學說的，孩子也練習了這課生字的造詞和造句，而且是在相對應的情境下，誠如108課綱所強調的「情境」，「每週一字老師說」是根據學校行事和班級狀況來設計的，孩子們都可以自己設計看看，強化思考力呢！

每週一字老師說

翰林版四上

課　名	生字	老　師　說
L1 水中奇景	鼓	剛開學要**鼓**勵自己勇往直前，聽著心中的**鼓**聲前進。
L2 大海的旋律	柔	**柔**軟成就不平凡，待人處事要溫**柔**，願我們都有**柔**軟的心。
L3 海底世界	態	**態**度會決定你的高度，永遠保持好往前進的姿**態**。
L4 藍色的海洋大軍	挺	走路要抬頭**挺**胸，不要彎腰駝背，這樣看起來才英俊**挺**拔。
L5 老榕樹下讀報紙	考	剛**考**完試，好好放鬆一下，考差了再加油就好，人生還有很多**考**驗。
L6 特別的滋味	滋	學習最棒的**滋**養，就是自己體會書中道理，了解箇中**滋**味。
L7 收藏秋天	捲	**捲**起你的袖子來，運動會準備大展身手，席**捲**整個運動場了嗎？
L8 寂靜的淡水河	緣	有**緣**千里來相識，所以我們一起學習，好好珍惜這**緣**分。
L9 南投美地 凍頂茶香	甘	養成先苦後**甘**的習慣，享受漸入佳境的感覺，我們才會**甘**之如飴。
L10 落山風	穩	腳步要**穩**健、做事要**穩**當、情緒要**穩**定，我們都有**穩**穩的幸福呵！
L11 澎湖我來了	序	井然有**序**的生活，讓我們不慌張，凡事循**序**漸進中。
L12 圓夢之旅	決	做任何事情前，都要想清楚再做**決**定，再加上你的**決**心，你會所向無敵。
L13 松鼠先生的麵包	壞	**壞**習慣會破**壞**我們的生活，更讓別人氣急敗**壞**，你想改掉哪些呢？
L14 身心手腦四合一	組	四年一班最快樂的師生**組**合，考完試就要放假了，期待我們下學期再譜動人**組**曲。

生字的運用要有「語境」才有意義。記得在2018年最後一天時，我和孩子互相勉勵，我從課本中選出三個字，寫了三個短語送給他們：

負：做個負責的人

競：和自己競爭

執：擇善固執

好好運用生字表來結合班級經營，也許可以發現一個新的天地，將老師的期許化為看得見的叮嚀，是另一個思考方向。

free style研究
喔！原來是這樣！

 日常點子起頭

　　「好鳥枝頭亦朋友，落花水面皆文章。」這是宋代文人翁森在〈四時讀書樂〉中的名句，讀書之樂樂何如？正在於萬物靜觀皆自得的超然意境，這個世界就像一本大書，等著我們去探索，誠如大考中心主任劉孟奇建議家長：

　　「不但不要再禁止孩子『讀閒書』，還應該多多鼓勵，因為素養題型無法『考前猜題』，資訊量少是很不利的，只能廣泛接觸各類有深度的文章，不管是文言文還是白話文，也不管是中西名著經典，多閱讀準沒錯。」

　　廣泛的閱讀讓孩子接觸多元的知識。如何引發孩子廣泛閱讀的興致，燃起內心的閱讀動機，則成為老師重要的任務。

　　給孩子的知識探究，不見得要很生硬，有趣才能吸引孩子的注意。前陣子網路平臺流行一股「冷知識」潮，每次看到冷知識的介紹，總是讓我發出：「啊！原來是這樣！」的驚呼，驚嘆

「知識」無所不在，所以我希望孩子能留心身邊的事物，並從中進行自我探究。

在高年級的閱讀學習表現中，提及孩子要能結合自己的特長和興趣，主動尋找閱讀材料，也就是說，孩子的閱讀從自身的特長和興趣開始扎根發展，自由研究給了孩子最少的限制，最多的空間，讓孩子自由探索。

點子狂想運作

自由研究需要較長的時間，所以適合在寒暑假進行，一來家長可以進行陪伴與指導，二來暑假時間較長，孩子的探究才不會受限於手機資料。那我們可以如何引導孩子有序的做出一份主題研究呢？

一、題目發想

讓學生自由發想各式各樣的主題，以腦力激盪的方式寫在便利貼上。主題五花八門，可以探究班級環境的困境、社會新興

議題、自己內心的疑問等，讓孩子盡情創意思考，老師則不給予任何批判。

二、主題博覽

發想這麼多主題後，讓學生進行Gallery Walk（畫廊漫步），讓學生在教室裡四處走動，若有看到有興趣的主題，可以新增至自己的發想內容之內。這樣的觀摩方式，讓孩子如在逛博覽會一般，自在的探詢自己有興趣的主題，提升學習動機。

三、聚焦主題

將自己桌上的主題便利貼進行排序，將自己最有興趣的主題排在前面。這個步驟讓孩子練習取捨，慢慢聚斂自己的想法，最終設定一個自己最想要探究的主題。在聚斂思考的過程中，老師可以提醒孩子安全性和可行性的重要，以安全為經，以可行為緯，才能安全穩健的進行研究。

四、設定目標

當孩子自由研究的主題出現後，要著手思考這主題更細緻的面向，引導孩子「小題大作」，如主題為「快時尚」，那要探討的是「快時尚」中的哪些面向？是快時尚的成因？還是快時尚的優劣等，讓孩子在心中帶著任務來學習，學習會更有方向。

自由研究發表

五、探索方法

　　孩子進行主題研究的方法相當多元，可以在家進行網路搜尋，也可以實地訪查，或是進行面對面對談，更可以上圖書館查找資料，一切以孩子的主題內容為考量點。

六、研究呈現

　　我在放暑假前發下一張八開圖畫紙，當作成果之呈現，內容必須要有個引人注目的題目，研究過程的呈現，必須要能「圖文共舞」，以及表格的資料統整，讓文、圖、表有序的呈現，這是以非連續性文本的方式來呈現主題，讓自己的報告一目瞭然。

七、研究發表

在開學第一週時，讓每一個同學發表自己的自由研究，以研究目的、研究過程以及研究收穫等三個層次來進行報告，提供給孩子口語表達的鷹架。

加速增強功力

自由研究的任務需要孩子整合許多能力，可以說是很「素養」，包括哪些呢？

一、資料查找：

要進行自由研究，要先找好主題，從該主題進行探究，勢必得查找相關的資料進行閱讀，形成主題研究。查資料可以包括紙本資料和網路資料。

二、圖文整合：

我要求孩子呈現作品時，盡量要能將文字和圖表進行整合，將資料視覺化，常用的長條圖、折線圖和圓餅圖等，將龐大的訊息以圖像彙整，讓人一目瞭然。

三、口語表達：

站在臺上，除了透過海報的視覺呈現外，如何展演吸睛的報告也是孩子的重要學習，有的人喜歡用搞笑的方式，逗得大家哈

哈大笑，有的人則是沉穩的呈現自己的資料，各有千秋，重點是要靈活運用詞句和說話技巧，豐富表達內容。

學生的自由研究作品

素養教學眉角

　　自由研究的主題發想，除了讓孩子從生活中尋找題材，我們還可以指點孩子哪些研究方向呢？108課綱目前共有十九大議題，這些議題反映著社會重大話題的共識，老師可以提供這十九大議題給學生，從中發展更細緻的研究主題，以下表格為從議題發想主題的統整，提供給各位參考。

　　十九大議題交織成社會多元的樣貌，從十九大議題來發想自由研究主題，也是一個很好的方向。

　　後記日常說說

　　素養，是讓孩子去解決自己生活中可能面臨的挑戰，解答心中的疑問。時間，讓能力慢慢昇華，漸漸學以致用。

　　在這兩個月的時間，孩子不斷的探究、書寫、閱讀及美編，呈現出自己的收穫與進展。在進行自由研究的過程中，孩子必須根據自己所選定的主題，查詢紙本資料和網路資料，這樣的作法，不但帶動了學習動機，更發展出主題閱讀。

　　在報告的呈現，因為這是讓孩子自由發展的研究，所以孩子能夠快樂研究最為重要，這樣才有機會讓孩子想要發展下一次的自由研究，在一次又一次的研究歷程中，學習自主、探索、發

108課綱之十九大議題

議題	主題發想1	主題發想2
性別平等教育	世界各國女性政治人物	那些玫瑰少年
人權教育	我的遊戲權	童婚事件
環境教育	全球暖化	垃圾到哪去了？
海洋教育	瞧！是海洋汙染！	一起玩水上活動
科技教育	一起動手做玩具	介紹好玩五個學習APP
能源教育	節約能源你我他	綠色能源大進擊
家庭教育	不一樣的家庭組成	做家事是全家人的事
原住民教育	原住民手工藝大賞	山豬學校 飛鼠大學
品德教育	教室裡的有品行為	人際關係面面觀
生命教育	第七夜	銅鋰鋅？同理心
法治教育	拒絕偏見	怎麼制定班規
資訊教育	充滿資訊科技的一天	假新聞整理分析
安全教育	校園遊戲安全熱點地圖	事故傷害之我見
防災教育	走過921二十年	防震背包開箱文
生涯規劃教育	Foodpanda來囉～	我的未來工作
多元文化教育	娘惹滋味	水中木偶戲
閱讀素養教育	《國語日報》介紹	我常用的閱讀方法
戶外教育	社區巡禮	夜宿海生館
國際教育	環遊世界八十天	拒絕恐怖主義

現、統整的樂趣。 有一個孩子的自由研究主題為「夢話」，這主題是我指定的，因為有一次我因公假請代課老師代班整天，老師提醒他：「中午要好好休息，不要和同學聊天。」這孩子天真的回說：「我不是在聊天，是在說夢話。」隔天，我聽到代課老師轉述，直覺好氣又好笑，就決定讓他研究「夢話」。

只要孩子對於學習有了動機，無論好鳥枝頭、落花水面皆為大塊文章，抬頭所望，低頭所見，都是值得探究的知識，主動探究讓孩子學習的深度與廣度都能有所突破。

這幾次，我在底下聽孩子進行自由研究報告時，「喔！原來是這樣！」的聲音在我內心迴盪，謝謝親愛的孩子彌足我的未知，教學相長就是如此自自然然。

在學期間，孩子以蘇軾為主題的自由研究

補充包請+1

雖然這個作業很適合在寒暑假進行，但在學期間，也可以以小組共作的方式進行。我曾經在國語課進行「蘇軾的主題研究」，一共分成六個組別，研究主題分別是：蘇軾的人際關係、食尚玩家——蘇軾、蘇軾與李白之大車拚、東坡旅行社、中正國小教師對於蘇軾的評價與其影響力、蘇軾的一生。

我省思，我驕傲
我學到、代表字、時間軸

 日常點子起頭

我：「剛剛怎麼會在掃地時間拿掃把玩耍呢？下課時間去後面站立反省！」

十分鐘過後……

我：「剛剛有沒有好好的反省呢？」

孩子：（點頭）

我：「那反省了什麼呢？」

孩子：（搖頭）

孩子犯錯時，我們總是希望孩子可以省思自己的所作所為，但，我們有教過孩子要怎麼反省嗎？所以孩子在那站立的十分鐘，可能在發呆，這不是白白浪費了十分鐘嗎？

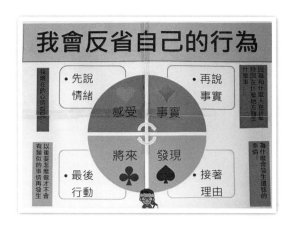

省思是一個重要的能力，因為我們能在失敗中覺醒；省思是一個關鍵的態度，因為省思讓我們在黑暗中看見光明。當孩子有了省思的能力，成長與歲月帶來的煩惱，都將化成養分。

點子狂想運作

既然省思如此重要，那孩子在什麼時機點可以反省？我分為以下三個時機點：

一、每日省思

孩子在學校學習了一天，日復一日，孩子可曾想過自己一天發生了什麼事？哪些事情可以做得更好？若孩子每日可以花五分鐘進行省思，與家長進行對話，不僅孩子在自我管理面能有所進展，省思的內容也成為親子對話的渠道。

　　我希望孩子每天在學校都有收穫。過去，我以小日記的書寫，讓孩子來省思今日的點滴，但往往收到聯絡簿時，孩子的反思不夠聚焦。於是，我改以每天在聯絡簿寫上「我學到：」的逐日省思，讓學生反思一天的點滴，希望孩子在學校的每一天，有一點新的收穫，有一些新的進展，收穫不一定是與課業相關，因為學習不會只侷限在功課，人際、溝通或情緒的學習，更是成長的關鍵，所以要寫學到了什麼，內容不限！

二、犯錯後省思

　　孩子在犯錯後，老師總是會要求學生省思自己在剛剛的事件中，到底發生了什麼事？

　　其實，連教孩子「站立省思」也是需要搭鷹架，讓孩子有脈絡的呈現事件的起因、過程和結果，避免孩子只有站立，卻無省思。我利用英國學者Roger Greenaway提出的「動態回顧循環（Active Reviewing Cycle）」的引導技巧，來引導孩子學會省思，四個「F」的提問重點包括：Facts（事實）、Feeling（感受）、Finding（發現）、Future（將來）等，這樣的方式清楚的連結孩子省思的歷程。

1.Facts（事實）：◆方塊代表經驗原貌，其多面性如同鑽石之多面性，故以方塊比喻為「事實」。

2.Feelings（感受）：♥紅心代表個人內心感覺和情緒，呈現主觀感受。

3.Findings（發現）：♠黑桃代表鏟子，挖掘出事件的原因。

4.Future（將來）：♣梅花代表多維度之思考，思考如何轉化經驗，運用於未來情境。

4F的架構，能讓孩子有序的說出自己的感受與想法，孩子較不會回答：「我不知道！」

三、年度省思

每年年底，臺灣民眾會以徵集投票選出一個代表性漢字，用以反應該年臺灣的社會面貌，以一字來總結這一年。以2018年為例，我先請同學猜一猜，今年的年度代表字為何？同學們紛紛提出了自己的看法：

★ 有個女生猜是「光」，因為臺灣在那一年有非常多人在國際的舞臺上發光。

★ 有個男生猜是「漂」，因為北漂的議題很紅，他自己的叔
　叔就是在北部工作。

★ 有個男生猜是「汙」，因為空汙很嚴重。

★ 有個男生猜是「平」，因為公投的性別平等議題吵很久。

★ 有個女生猜是「譽」，因為臺灣人得到很多的榮譽，比賽
　很常得名。

　　這個猜一猜的動作，讓孩子連結社會時事進行反思，孩子的
猜測，也都能說出自己為何如此猜測。在大家都猜了一輪後，我
才公布2018年所選出的年度代表字為「翻」，請孩子進一步思
考：這個翻字可以造哪些詞，而這些詞，與今年發生的國家大
事，具有哪些連結呢？

　　討論完臺灣的年度代表
字後，接著進入學生個
人的代表字選擇，孩子
要試著以一個字來總
結這一年的表現，這
一個字可以是正向的，
也可以是負向的，端看
孩子如何使用。

　　從孩子選擇的代表字中，可以看見孩子一年的努力，也可能看見孩子一年的懊惱，但這些都會是成長的養分，老師要能引導孩子在新的一年，保持好的特質，改善缺失的部分，讓年度省思能有實質效應的產生。

 加速增強功力

　　「我省思，我驕傲」反省是讓孩子發自內心思考自己的優點與缺點，讓生命開出一朵朵花。教孩子如何反省，可以先給孩子鷹架，再慢慢拆掉鷹架，反省會內化於心中成為讓自己更加進步的關鍵能力。

一、反省力

　　能夠反省自我，是一個促進身心健全發展的方法，懂得反省的孩子，才能走得越久，望得越遠，反省是為了遇見更好的自己。

二、表達力

　　透過文字的書寫以及符號的運用，孩子可以不斷的記錄自己的生命歷程，從逐日我學到、犯錯時的4F，以及我的年度代表字，都讓孩子在日常生活中，體察人與自己、人與他人的感受。

三、連結時事

　　以「我的年度代表字」活動為例，孩子必須適當連結社會事件後，才能有依據的選出來。老師可以整理一年十大社會事件，讓學生閱讀完標題後，再選出一個字，養成孩子關心社會大事，陶鑄公民意識。

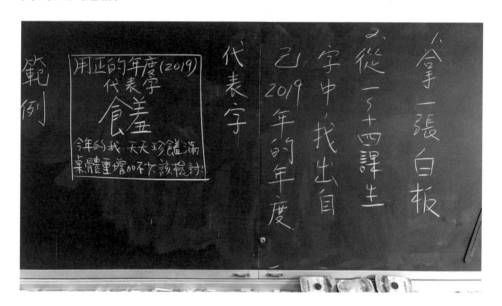

  素養教學眉角

一、優先專注孩子情緒

　　在引導孩子省思時，我會更正這4F的順序，因為在處理孩子問題時，要先處理他的情緒，等孩子情緒較為平緩，較能釐清問題的始末，情緒對了，事情就會迎刃而解。

向　度	步　驟	引　導　語
1.感受（♥）	先說情緒	你可以先深呼吸，之後再告訴老師，你現在的心情呢？
2.事實（♦）	再說事實	老師知道你很（　　），我會幫助你，搞清楚剛剛的狀況，剛才的狀況是和誰一起發生的（人）？在什麼時間（時）？在什麼地點（地）？具體發生什麼事情呢（事）？
3.發現（♠）	接著理由	老師知道了，請你想一想：為什麼會發生這樣的事情呢？（理由）
4.將來（♣）	最後行動	老師明白了，每個人都會犯錯，但是反思自己的錯誤會讓自己更加進步喔！請你想一想：下次再遇到類似的情況時，自己可以怎麼做呢？

　　從上表中，透過簡單的引導語，慢慢澄清事件始末，也能照顧到孩子的心情。這樣的表格，也可以整理成相關的反思單，透過書寫來澄清事件反思單，可以成為日後寫輔導紀錄之依據，也可以讓學生在轉班或畢業前，洞見自己的成長。口語表達和反省單兩種方式皆有好處，端看老師們如何運用，我個人在引導孩子反思時，不希望造成孩子另一種負擔，避免讓反思失焦，因此，我會讓孩子自己選擇要用說的，或是用寫的。

後記日常說說

　　格林（M. Greene）的《教師即陌生人》（Teacher as Stranger）一書，主張教師須透過哲思來釐清自我意識，且應如返鄉遊子般，以嶄新視野來覺察生活中的每一天。時時反省才能刻刻進步，這也是期許自己每天都能用一個新視野來檢視自我。一個懂得反省的孩子，會有更多前進的力量，老師亦為如此。

　　省思，是為了發現；發現，是為了改進，省思就是改進的重要歷程。反思，是一件人人都要做的事，帶動自己，也帶動孩子。

　　親愛的老師，您今天帶孩子反思了嗎？

　　一起「我反思，我驕傲！」

補充包請+1

　　在選擇自己的年度代表字時，適逢一學期的尾聲，國語課也都上得差不多了，老師可以讓孩子在最後的生字表中，選出一個代表的字，一來讓孩子在選擇時，有了鷹架，二來讓孩子可以藉機複習生字，真是一舉兩得！

閱讀格子趣
3D櫥窗展現閱讀美力

 日常點子起頭

　　我是一個幸福的老師，因為在接手新教室時，前任老師布置了一個舒適的圖書角，兩位熱心的家長協助我整理圖書角後，留下了一些方格圖書櫃。起初，我持續添購書籍讓孩子閱讀，同時也淘汰一些舊書，慢慢的，方格圖書櫃就閒置了。

　　有一次，走在路上，望見斗大的招牌──格子趣，我走了進去，每個方格陳列著各式各樣新潮、創意商品。一個店面裡，就有好幾十個格子，一個格子代表的就是一個世界，用以展示最新穎有趣、具話題性的商品，吸引我的目光。驚喜之餘，我思索：如果每一個格子，展現的是嶄新的世界，一本書代表的是一個世界，能不能用一個格子來呈現一本書的場景或意境呢？就像是好書推薦那般……

點子狂想運作

好書推薦有哪些方式呢？以戲劇呈現（演戲）、以書寫呈現（讀書報告、學習單）、以口語表達呈現（演講），或以小書呈現，若用一個格子來呈現一本書，則是很新穎的想法，結合孩子擅長的藝術創作，在創作中靜靜思索書中的場景、脈絡和情節等。以下為簡單的步驟：

一、全班分組

將全班分成四～六組（我們班只有分成四組，因為閒置的方格圖書櫃，剛好就是四個）。

二、選定一本書

請小組成員選定一本書，可以是想推薦給他人的書，也可以是小組成員都沒讀過的書，書籍範圍不限。

三、設計布置

小組成員自己攜帶要設計及布置的媒材。

四、好書猜一猜

　　介紹這本書的格子布置，請同學們猜一猜是哪一本書。我們可以藉由底下的提問，協助孩子「閱讀格子」的呈現：

　　★讀完這本書，在你腦海中浮現了哪些畫面？

　　★裡面主角的長相、外型、打扮、常有的動作為何？

　　★書中哪一部分的細節描寫，幫助你塑造「閱讀格子趣」的內容？

五、結合主題書展

　　這次的活動結合學校的主題書展，也請設計閱讀格子的同學進行布展。活動從班級活動開始，結合至全校性的圖書推廣，讓孩子自己的設計與好書推薦，以不一樣的美學感官，感動更多學弟妹。

 加速增強功力

　　閱讀活動也可以美美的！從106年開始，國中國文會考題目每年都會有一題「文轉圖」的考題。這個活動不但練習文轉圖策略，而且是3D立體圖，可以引發孩子更多的想像！

一、圖像化運用

　　這個活動提升孩子將文字圖像化的能力，其實，提升閱讀圖

像化的歷程很漫長,除了課堂上「文轉圖」的練習外,這個活動還可以將孩子能力提升至3D立體的呈現。

二、閱讀推廣

在一個小組當中,大家選定要呈現一本書時,可能不見得每個人都看過那本書,那麼小組成員就要一起讀完該書,因為後續的介紹,會讓每個人都說一說話,老師也可以藉此檢視小組成員是否全都閱讀了這本書。

素養教學眉角

需要小組合作的學習任務,相當需要孩子彼此協商,依據自己的特長來決定工作,老師進行評分時,根據孩子的貢獻來給分,讓孩子在每一個活動,都有努力展現自己的亮點。

一、協商溝通力

每個孩子都有自己獨特的想像力,美術班尤是如此,四個人就會有四個獨特想法,如何讓孩子的想像有所交集,聚焦於「閱讀格子」裡,也是一個很不一樣的學習。明明,我們希望孩子天馬行空的想像,但卻得聚焦在四方格子裡,這是需要孩子彼此進行協商溝通的。

二、環境整潔

　　孩子們的美勞老師曾經對他們說過：「一個美術作品完成，最後一個步驟是把自己的周圍環境整理乾淨，才算是完美。」孩子們在下課十分鐘進行創作時，運用許多媒材，而為了想要下一節繼續做，有時會把座位附近弄亂，教室環境會受到影響，所以讓孩子在進行藝術創作時，涵蓋後續的環境整潔，也是一種學習呢！

三、個人責任

　　有個孩子抱怨：「老師，每次我們這組的人都說好要帶材料，可是都忘記，我們也有說好，要各自回去做自己負責的部分，但大家都忘記了？」

一起思考格子裡的內容

　　這是需要小組合作任務時的常見狀況，老師必須介入「監工」，並讓孩子想一想：面對這樣的情形，有什麼解決方法嗎？提出這個疑問的孩子，我在這個任務中，給了他比較高的分數，因為他是積極想要解決問題的。讓孩子知道自己的責任所在，不能擺爛，影響小組成員的活動進行。後來在我的「監工」過後，媒材就帶齊了，由此可見，不定期的檢視是必要的。

後記日常說說

　　一沙一世界，剎那即永恆，班上的孩子以創意的「閱讀格子趣」，把書中印象最深刻的一幕，從腦海還原於格子中，將書中重要的角色與場景，呈現於同學的面前。原來，閱讀也可以這麼美！

　　雖然，這個教學活動，孩子花的時間比較多，但從中可以看見孩子努力的軌跡。這個活動是班級閱讀的延續，為的是讓同學所介紹的書籍，以一個不同方式來介紹，吸引更多的目光。

　　創新的作法活絡孩子的想像力，一個小小的格子，代表的是一段美麗時光，代表的也許是一個驚人場景，或是一個溫馨畫面，透過孩子的巧手，讓我們再次「卷」戀。

完成後的作品，大家猜一猜是哪本書的場景呢？

補充包請+1

　　用格子來布置的想法，可以延伸至節慶布置。我曾經讓小朋友用圖書櫃來進行聖誕布置，一個圖書櫃就成為一個美麗的情境布置。孩子可以設計自己夢想中的聖誕節情境，或是介紹聖誕節相關的故事。此外，若沒有這麼多的圖書櫃，可以將圖書櫃改成牛奶盒，變成袖珍版故事盒，也是不錯的方式。

教室公投
用姓名貼來投票吧！

 日常點子起頭

　　每週，我會留個五分鐘，請孩子整理抽屜，並兩兩一組進行檢查，避免孩子把吃不完的早餐、糖果紙遺忘在抽屜，這可是會讓教室裡有蟑螂的。有一次，我看著孩子從抽屜中整理出一疊摺疊過的姓名貼。

　　我好奇的問：「哇！你的姓名貼怎麼還剩下這麼多，這些姓名貼是誰做給你們的？」

　　小孩：「喔！是我們在一年級的時候，老師幫我們訂的，我們每個人都有。」

　　我心裡十分不解，你們五年級了，還剩下這麼多姓名貼，是要用到高中嗎？基本上，在教室裡，我會要求孩子在自己的個人物品貼上姓名貼，防止個人物品一旦遺失，至少找得到主人。但是，有些孩子卻把什麼東西都用姓名貼貼上了。

　　有一次，看到孩子在寫平時練習卷時，竟然是拿了一張姓名貼，貼在姓名處，看到孩子這個舉動，我真的有點傻眼，因為實在是太懶啦！我常對孩子說：「你的名字，很有可能是你這輩子最常寫到的三個字，一定要寫漂亮一點喔！」

　　看著孩子這麼多的姓名貼，我開始構思如何運用孩子的姓名貼，讓這小小一張貼紙，發揮大大功用。

 ## 點子狂想運作

　　姓名貼，顧名思義就是有著自己姓名的貼紙，我靈機一動：把姓名貼用來當作投票的工具。那有什麼需要投票的議題呢？以108國語文領綱中的學習表現而言，高年級一定得書寫議論的作品，所謂的議論文本，要求孩子表達對人、事、物的看法或觀點，並說服他人。因此，我結合姓名貼和《國語日報》內的文章，讓孩子發表自己的看法，以下為作法：

一、收集文章

教師收集《國語日報》內具有爭議性的文章，因為具有爭議性，讓孩子可以形成正反兩方的不同意見。

二、呈現方式

教師將剪報貼於 A4 紙上，再套上 U 型夾，張貼於黑板上。

三、文章閱讀

請學生自行於下課時間至黑板前面閱讀文章，並針對議題表示贊成或反對，若自己反對這個看法，則將自己的姓名貼貼於反對欄之下。

四、發表觀點

根據自己投下的意見，在聯絡簿上寫下贊成或反對的理由。

五、張貼結果

一週後，將整個 U 型夾影印後，張貼於布告欄。

六、每週循環

用另一個 U 型夾，布置新的議題，再撕掉第一份的姓名貼，張貼至新的議題的贊成或反對的欄位，形成新的循環。

每週一次循環，既簡單又不耗時，只需要兩個 U 型夾和姓名貼，以及老師準備的剪報即可。

加速增強功力

　　過多的姓名貼，成為替自己發聲的好工具！後續可以結合口語表達和寫作。

一、活動呼應課綱

　　在國語文教學中，高年級在重要的文章表述方式為議論，透過一張姓名貼，讓孩子發表看法，並於聯絡簿中進行觀點敘述，持續練習為自己的意見發聲。

閱讀文章後，貼上自己的姓名貼以表示意見

二、活化閱讀

　　這個活動可以讓學生接觸社會上的不同議題，也可以讓孩子學習發表意見，引發更高層次的思考。透過閱讀多元文本，從中學習判斷是非對錯，學習尊重他人看法以增進公民意識。

 素養教學眉角

　　「教室公投」可以延伸學生生活各議題來發展，國語課可以進行辯論，社會課可以連結社會議題，或是一些常見的兩難問題，都可以透過「姓名貼」來為自己發聲！

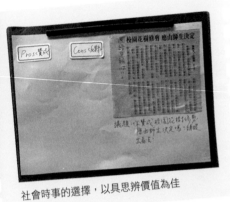
社會時事的選擇，以具思辨價值為佳

一、發表觀點

　　高年級的孩子自我意識高，若不愛表達自己的觀點，可以藉由一張姓名貼，傳遞自己的看法。

二、關注時事

　　老師在《國語日報》中的剪報貼近社會時事，讓孩子接軌社會時事，以此進行思辨，例如，是否該公布感染新型冠狀病毒病患的所在縣市。

三、活化聯絡簿

　　聯絡簿的短文，通常是孩子記錄生活的所見、所聞、所感及所思，孩子在閱讀後的想法，以「言之有序」的方式呈現，讓觀點越來越完整。

 後記日常說說

　　誠如「我不同意你的觀點，但我誓死捍衛你表達的權利。」所言，孩子之間雖然常有意見相左之時，即使針鋒相對，但更重要的是，孩子得學會尊重他人發言的權利，這是身為現代公民所必要的。這個活動連結《國語日報》和原本就有的聯絡簿來進行教學，也使教學更加活絡。而且，多元文本的閱讀，鋪墊孩子更

多的生活經驗，了解社會上正發生了什麼事，培養反省、思辨與批判的能力。

　　親愛的老師，我們還可以讓姓名貼發揮哪些不一樣的功能？大家可以集思廣益。

　　在學期初時，我和同學們一起討論「我們的約定」（班級規定），並張貼於教室布告欄，班上每一個同學都要拿著自己的姓名貼，貼於空白處，一起許下承諾：我們是一個大家庭，我們要一起維護這個大家庭的溫暖與合作。親愛的老師，我們可以如何讓姓名貼發揮更多不一樣的功能呢？大家可以集思廣益，讓小小的姓名貼產生新的功用，也許這個動作用簽名就能解決，但在班級活動裡的「儀式感」會是班級向心力的強心針。

用才藝做公益
小學生的大心意

 日常點子起頭

　　我的教室裡，每天會有幾份《國語日報》，讓孩子透過報紙，打開知識大門，親近社會脈動。

　　每到年初，報紙總會有一些關於畢業旅行的新聞，例如，〈ＯＯ小學魚菜共生為畢旅募基金〉、〈編手札上網賣，畢業生籌旅費〉等，看著學生為了參加畢旅，奮力貢獻自己所學，倒是挺不錯的。

　　有一天，孩子一如往常在窗臺閱讀著我收集的舊報紙，口中喃喃自語：「哇！他們好厲害，自己賺畢業旅行的錢。」

　　突然我靈光一現，雖然我們班的孩子，不需要募款籌措畢旅基金，但是讓他們發揮自己的才藝或專長來賺錢，再把賺來的錢捐給公益機關，不是一件美事嗎？許多學校都會有自己的校訂課程，從學校亮點特色來進行創發，我看過有的學校是拉小提琴募款，有的學校是賣蜂蜜募款，都讓孩子體悟：賺錢並不容易啊，我要更珍惜身邊所有！

　　那我們班上的孩子擁有什麼才藝呢？我目前是擔任美術班的導師，所以，繪畫就是班上同學的專長，那就從繪畫出發吧！

點子狂想運作

　　這個「用才藝做公益」的活動，我一共進行了兩次，第一次我們是從原本的紅包來進行創作，第二次則是結合孩子在術科課的練習，我們幫顧客客製化動物寫真。以下為簡單操作方式：

一、徵求自願者

　　因為這是額外的作業，所以我不強迫全班參加，而是採取「自願」的方式，讓孩子自發性做公益，這才具有教育意義。

二、樣品行銷

　　拿著一份孩子畫的作品，讓大家有機會看到孩子的作品，並釋放客製化動物寫真的訊息，吸引顧客上門。

三、追蹤進度

　　兩個同學一組，彼此監督進度，避免延誤。

四、捐錢單位

　　請同學們討論要捐款的單位。

五、對方捐款收據

　　請對方出示捐款收據，老師幫忙把作品寄出。

加速增強功力

　　這個活動最重要的是讓孩子發現：擁有才藝是一件重要的事。小朋友曾對我說：「我不喜歡畫畫，但是我媽覺得我繪畫畫得很美，所以幫我報名美術班，我不知道自己為什麼讀美術班。」這個孩子的作品的確讓人刮目相看，每次都讓我嘖嘖稱奇，看著這麼有創意的小作者，心裡想著：不知道這孩子為什麼不喜歡畫畫，但是他的畫作真的讓人很喜歡啊！後來，我問他為什麼不喜歡畫畫，我得到一個有趣的答案，孩子說：「感覺以後靠畫畫無法賺錢。」我聽到這個啼笑皆非的答案後，我告訴他：「那麼我們就來畫畫賺錢吧！」有時真的不知道孩子在想什麼，

總是問了過後，才發現理由是如此單純。總觀這個活動，孩子學習了哪些呢？

一、藝術創作

在創作紅包和客製化動物寫真的兩樣活動中，都是關於藝術之創作，前者結合節慶教學，後者則搭配術科老師的課程，由我引發後續教學活動。

二、社會公益

帶著孩子參加社會公益，會帶給孩子更寬廣的世界觀，以及正確的價值觀。做愛心公益，除了出力，也可以出錢，而我們捐的錢，是自己賺的喔！

素養教學眉角

這個活動中，老師發揮「限量」的飢餓行銷方式，邀請「名額有限」的自願者參與，也正是因為「自願」，孩子才有內在動機，更不造成孩子的困擾。

美術班的孩子，在課後有許多課外活動，我曾經問孩子：「你們一個星期要補習幾樣啊？」我聽到最讓我震驚的答案是：九樣！據此，我的回家作業盡量減量，讓孩子除了放學補習外，能有多一點屬於自己的時間，可以閱讀、運動、自學等。

　　曾有家長認為我的作業出得太少，於是，這樣的自發性活動，就解決了這樣的問題。

　　這個活動是讓孩子自願參加，所以孩子的客製化創作，成了自學的成品，不僅精進自己的繪畫技巧，還將自己的才藝轉化成金錢，幫助更多人。

　　活動打開了孩子的生命世界，原來好好運用自己的學習所長，就可以幫助他人，更慢慢連結未來的職業試探，以教學活動來拓展孩子的生活經驗。

一、連結社會參與

　　孩子以「善行」來進行道德實踐，在實踐中聚焦公民意識。我們每一個人都有能力讓這個社會變得更好，量力而為展開行動，是對自己的負責態度。

二、創新展能

　　美術班的孩子都是透過每一個學年度的美展，來展現自己的作品，而這次上傳孩子作品到網路空間，也讓孩子的作品擁有更多的關注。

後記日常說說

　　蚊帳大使凱薩琳在五歲就開始做公益，募集蚊帳到非洲，這

我們準備畫貓咪囉

個善舉讓所有的大人都震驚，其實，在這個了不起的女孩背後，我所看重的是，在背後給予100％支持的凱薩琳媽媽，她讓凱薩琳的想法可以付諸實踐，展開善行的蝴蝶效應，一個小小的義舉，拯救了非洲百萬小孩，這是始料未及的。

　　所以，讓孩子相信：這個世界會因為自己而改變。知名作家許榮哲曾說：「相信自己是天才，比真的天才還重要。」讓孩子肯定自己的表現，人人都是天才。每個人都有專屬自己的專長亮

點，我們可以引導孩子用自己亮點來照亮更多人，誠如海倫凱勒所言：「把你手上的燈提高一點，就可以照亮更多的人。」帶著孩子用自己擅長的方式來做公益，以善行來點亮自己的生命軌跡。

《小王子》的作者聖艾修伯里曾說：「如果你想造船，最重要的不是張羅大家去尋找木材、進行分工或是發號施令，而是讓人們產生在那無邊無際海洋中航行的強烈渴望！」從孩子的渴望出發，一起航行出發，當個手心向下的人吧！

　　我覺得「我願意」是這世界上最美的三個字，它代表的是孩子擁有無限的動機，所以當孩子基本功課達標後，給予孩子更多的時間學習自己有興趣的事物，而不是在重要的小學階段，一直被書桌和參考書所綁架。人生中最珍貴的時間，要用更有趣的事物來涵養啊！

Foodpanda上線
善用生活中的ＡＰＰ

 日常點子起頭

　　2019年第六屆的「臺灣年度英文」評選，結果由「foodpanda」雀屏中選，這代表「foodpanda」在某一程度上，與當年的社會脈動及時代氛圍息息相關。

　　隨著廣告不斷放送大家見面打招呼：「你今天foodpanda了嗎？」在我所居住的縣市，foodpanda的外送服務是在2019年的10月開始營運，街頭的風景改變了，「粉紅貓熊」滿街跑，排隊美食的排隊人潮少了，多了粉紅貓熊等著幫客人領餐。這些街頭風景的變化，代表著社會正在改變，經濟型態也跟著改變。

　　我曾經問過全班孩子：「你有什麼夢想呢？以後想要做什麼工作呢？」有孩子說，想要做foodpanda。

　　我知道該是介紹孩子認識這個新興外送平臺的時候了。

點子狂想運作

當我們打開google搜尋引擎，以foodpanda為關鍵字，在0.15秒就出現近129萬筆新聞消息，而多數新聞卻是以負面消息為多，可見foodpanda雖然帶給我們生活上的便利，創造了許多就業機會，但也帶來了意想不到的挑戰。以下為我的教學流程：

一、影片導入

在youtube上，foodpanda頻道有不少宣傳影片，我透過影片讓孩子感受外送平臺在生活中，帶給我們的便利性。

二、三面分析

三面分析法（ＰＭＩ）是六頂思考帽的作者，也是水平思考大師愛德華‧狄波諾（Edward de Bono）所提出，用以突破思考的盲點，避免主觀偏見，他建議在進行決定前，可以先思考「正面」，再思考「負面」，最後再考量「有趣面」，從這三個角度來重整思考脈絡，藉以獲得更全面的想法，更平衡的觀點。

據此，我請孩子進行小組討論，每一組會有三個小白板，分別寫下關於foodpanda的正面、負面以及有趣面，盡量進行發想。

三面分析法（PMI）

正面	負面	有趣面
工作機會變多、省時省力、方便、吃得到各地美食	疾病患者增加、人變很宅、人和人之間沒有互動	尾牙點foodpanda、可不可以訂國外的？一個人買一次之後就會常買

三、真實體驗

老師拿著手機，帶著孩子真實點一次餐點，介紹手機介面上的獨特功能，例如，即時通知、外送定位、等待時間提醒等等。

孩子從中感受foodpanda更多的便利性（正面），有沒有可能會有負面項目呢？有孩子說：「我和我媽去買飲料時，都會自己帶杯子，訂foodpanda就不能用自己的杯子。」從孩子的思考中，我們了解了外送平臺雖然帶來了生活便利性，但也帶來了環境上過於包裝的浪費。

真實體驗foodpanda點餐

四、連結寫作

104年的學測，考了一題古人穿越劇的寫作能力測驗，我以此來連結孩子在今日的體驗，以穿越劇的方式，用第一人稱的角度出發，設定情境後，以書寫的方式來讓孩子展現創意，想一想：古人低頭拿著手機在做什麼呢？

加速增強功力

　　班上的孩子，對於這個活動相當期待，他們在街上看到了「粉紅貓熊」處處跑，電視上播著「粉紅貓熊」的相關消息，輪到他們可以自己體驗時，自然是興奮得不得了。在這個教學活動中，也帶給孩子不一樣的學習：

一、批判思考

　　任何一件事都不會只有好處，我帶著孩子進行「PMI三面分析法」，從中看見事物的正反意見，讓觀點可以更加全面。

二、寫作創意

　　這次的活動，連結看圖寫作的活動，讓孩子在進行體驗訂購foodpanda後，馬上以此情境進行寫作，孩子只要把體驗過程、感受寫出來，古人使用手機ＡＰＰ的一篇看圖寫作，自然寫得有趣味又有創意。班級的小活動可以提升孩子的感受力和敏銳度，延伸至寫作的效果會很好呀。

 素養教學眉角

　　將foodpanda放進教學裡，除了引起孩子學習興趣外，更重要的是思辨手機帶來的便利性，對社會會有什麼影響。這個訂餐系統因為「手機定位」帶來了更多的方便性，買家不但能清楚的知

道「粉紅貓熊」的送餐路線，以及多少時間後能夠取餐。老師可以引導孩子思考：哪些手機APP也是運用定位系統，引發更多層次的思考，避免只是吃吃喝喝的體驗。此外，帶著孩子認識社會變遷，也是讓孩子關心社會時事的方法，foodpanda引發的後續效應，都值得帶孩子去思辨，因為，這也許就是未來社會的樣貌。

後記日常說說

帶著孩子感受社會的脈動，感受不一樣的氛圍，是與孩子討論社會事件的開端，讓孩子真實體驗一次點餐過程，從中體會生活便利性，培養孩子對於社會事件的關注，提升對周遭生活的敏銳度。之前，foodpanda的外送員集體罷工抗議減薪，這一系列的新聞，很適合讓孩子進行思辨，引導孩子進行foodpanda主題之研究。從社會時事切入之教學，是讓孩子接軌社會的起點。

補充包請+1

雖然手機並非孩子的必備工具，但未來的世界，會更加複雜且資訊化，所以我會讓孩子知道哪些好用的APP，用這些APP來自學，它讓我們的生活更加便利，少了空間和時間的限制。2020年初，新冠病毒肆虐，臺灣中小學延後兩個星期上學，在這段期間，我也提供給孩子和家長一些自學網站和APP，達到「停課不停學」之效。

班級願望清單
在教室蓋圖書屋

 日常點子起頭

根據心理學，柴嘉妮效應（Zeigarnik Effect）會讓人們把殘缺不圓滿的事物更加牢牢記在心中，那些想要做到，卻未能完成的點滴，會永遠記在心中，因為這屬於自己的「未竟事務」。

試著回想自己的童年，有沒有什麼事情未完成？

我目前的班級是藝才班，藝才班自三年級分班後，在四年級升五年級的暑假，就不再重新編班，只更換班級導師，這樣的班級結構，讓孩子彼此間情感緊密。

因為這層關係，我曾問班上的孩子：「你們可以同班這麼久是很難得的緣分，而且有些孩子從一年級到六年級都在同一班，實在

太有緣，但是在國小畢業
後，大家可能就要各奔東
西，有沒有什麼事情是你想
要和同學在國小階段一起進
行的活動？」

願望清單

我請全班同學在便利貼
上寫下自己在國小這六年的
「未竟事務願望清單」，請他們好好的想像未來，想著如何和這
群同學一起創造國小階段的甘甜回憶。

等待大家寫在便利貼之後，就一起討論三個部分：

一、**可行性**：這個活動執行不難，而且全班都能夠參與。

二、**連結性**：這個活動可以和班上其他的活動進行連結，以
　　　　　　「一魚多吃」的形式進行。

三、**正向性**：這個活動必須正向積極。

★核心素養連結

一、規劃執行與創新應變

布置一個原有的圖書角，可能是件小事，但是創造一個新的
圖書角，卻是孩子的一大挑戰。從無到有的過程，需要孩子進行

規劃，並在設計過程，因應不同的狀況產生，而有不同的作為。

二、藝術涵養與美感素養

　　如何規劃一個具有美感又實用的圖書角，是大家的期盼，孩子們從中年級開始，每個星期有五節課的時間來親近美感，蓋一個圖書角，則成為讓孩子展現美感的機會。

三、人際關係與團隊合作

　　既然是班級上的活動，一定要讓越多人參與是最好的，但人多可能意見也多，如何在這麼多的意見中，不斷碰撞與協商，找出最適切的方法來進行。也許一個人可以進行得很快，但讓大家的想法或意見得以實現，就端看孩子們的素養展現了。

 ## 點子狂想運作

一、選定夥伴

　　當時決定要蓋圖書角的是班上一位較沉默寡言的小女生，老師先在班上請個性活躍的同學協助她，請他們再找幾位志同道合的同學一起協力完成任務。

全班分工蓋圖書屋

二、任務分配

　　蓋圖書屋的任務分配，導師也是讓學生全權負責、自行安

排，因為每個同學的專長不同，有的人擅長畫設計圖，有的人擅長組裝零件，有的人適合妝點美化，我引導孩子讓他們各自認領任務，從自己擅長的部分著手。在每一項任務中，看見每個孩子的不同亮點，也讓孩子們彼此學習。

三、材料購買

圖書角搭建所需要的材料，我給學生一個準則——以廢物利用為主，於是我請同學先思考：哪些教室裡的物品可以用來搭建呢？此時班上多餘的三層櫃，就成了搭建圖書角的媒材。其他的材料，則由班上同學相互協商，提供家裡用不到的媒材來使用，班上同學帶了一些鐵絲和布料，其餘需要購買的材料，則由老師協助購買。

四、工程追蹤

一個圖書角的搭建要花多久時間呢？我給孩子們兩個月，希望他們在期限內完成。有了時間的限制，孩子就必須規劃相關進度。我教孩子怎麼使用「甘梯圖」，讓他們自行掌控進度，按照時序及計畫完成任務。

五、落成慶祝

兩個月過後，班上同學終於把圖書角蓋好了，這是班上空間的活化，於是，我為孩子舉辦了一次「剪綵大會」。大家把數個

垃圾袋綁在一起，手戴吃手扒雞
專用的透明手套，拿著自己的剪
刀，讓這次閱讀角的搭建，更
加具有「儀式感」。剪綵後，
老師準備了一些簡單的零食與

圖書屋落成剪綵

飲品當作餐會，彷彿就是一場閱讀饗宴，有的同
學在圖書角前朗讀文章，有的同學介紹帶來的新書《黃阿瑪的後
宮生活》，有的人發送參觀入場券，現場氣氛相當熱絡。

六、後續維護

　　既然活化了教室的空間，教室多了一個有創意的圖書角，我
們就要好好的經營，班級同學必須輪班管理圖書角，並進行新書
出借之登記，讓有趣的空間可以持續使用。

加速增強功力

　　這個活動相當耗時，但是因為全班一起參與了這個「盛
事」，帶給大家不少回憶，素養教學就在活動中培養與實現，點
滴累積孩子的能力。

一、愛惜物品

　　自己設計的圖書屋，當然更加愛惜。班上同學也自願帶了一

些書放在圖書屋，大家都想要這個圖書屋擁有更多的讀者。

二、溝通協調

這個圖書屋花了大家不少時間，原本的那群設計者，從一開始的興致勃勃，到後期意興闌珊，因為一些爭執和摩擦，讓彼此不愉快。大家對於圖書屋的設計，都有不同看法，若每個人都堅持己見，絕對沒有完工的一天，所幸，孩子在遇到狀況時，在老師適時引導下，都能妥協，讓圖書屋有個盡善盡美的設計。

三、活動設計

在辦理剪綵的那一天，我們同時也辦了相關活動，包括小型茶會和朗讀活動，這些都由另一群熱心的孩子統籌，他們設計了當天早自修的活動流程，孩子規劃活動的能力都是這樣一點一滴累積的。

四、問題解決

一些到了圖書屋裡的同學，覺得裡面有點悶熱，班上聰明的孩子馬上移動教室裡的電風扇，讓電風扇可以在屋子裡吹，而原本圖書屋的外型，也因電風扇的關係，有些微調整。在如此「**提出問題──想出方法──付諸行動**」的模式下，孩子的應變力越來越好。

素養教學眉角

　　在進行活動中，除了老師掌握進度外，我還會指派一位「活動長」掌握進度並向我回報，透過「專人管理」來提升效率！

一、回報進度

　　我希望孩子每天都必須派一個人記錄「施工過程」，並向師長回報進度，讓孩子掌握好節奏。在創作及搭建圖書角的過程中，地上的媒材與垃圾，其實占據教室地板一陣子，對於孩子們的熱衷，老師看在眼裡，家長傳來的訊息，也可以窺見孩子對這個活動的熱愛。班上有些家長具有藝術相關背景，甚至在放學後，來看看孩子們的創作。

二、職業試探

　　這個活動除了可以活化教室空間，更銜接孩子的職業試探，孩子會發現，原來要把設計圖轉化成實際物品，是一個很漫長的過程，班上一個未來想當建築師的男孩，就有了很深的體悟。

三、專人管理

　　後來這個圖書屋，我有安排幾個同學專人管理，讓他們自己營運一間圖書館，他們必須公告有哪些新書、班級借閱王等等，也要調查班級同學想要看哪些書，向老師提出採購計畫。

後記日常說說

如果這不是Maker，那什麼才是Maker呢？

從創意發想到實作產出，都是孩子們彼此激盪思考與嘗試錯誤的歷程，這些都是學習歷程中，相當重要的禮物。我敬佩他們的毅力與創意，看著他們在每節下課的十分鐘，珍惜可以創作的時候，甚至在科任教室上課，也跑回教室繼續努力，心中充滿感動與欣慰，班上孩子稱這圖書屋為「哈利波特的小屋」，這實在是太特別了，原來孩子在閱讀《哈利波特》時的天馬行空，透過實作落實讓實體矗立於教室。

孩子創意的形塑非一蹴可幾，孩子之間的想法交流，讓藝術創作跳脫自己的單一想法，以臻多元綻放。

讓孩子完成在國小階段未竟的事務，由自己畫上圓滿的句點，沒有遺憾的帶著收穫與喜悅躍上人生另一個學習階段。

希望每個孩子都可以實現自己的願望，這樣的願望清單的點子，可以運用在國語文教學，例如，孟浩然的願望清單或蘇軾的願望清單，孩子得結合主角的生平背景進行書寫，引發孩子的創意。

行動繪本館
一起為愛朗讀

 日常點子起頭

　　沒有一個孩子不愛聽故事，從小到大，我們在故事裡展開想像，我們在故事裡吸取經驗，我們在故事裡尋找楷模。

　　從低年級開始，孩子進入校園後，會接觸到大量的故事，國語課本裡也會有大量的課文是改編自故事。而且，在108國語文領綱中，在寫作的學習表現裡提及：高年級學生要能創作故事，而在閱讀的學習表現裡，提及：低年級的學生要能運用圖像或故事結構來重述故事。

　　我突發奇想：有沒有一個活動是可以同時達成這兩個學習表現呢？這樣的想法，讓我設計了「大手牽小手，我繪你也會」的教學活動，透過高年級學生自行設計繪本故事，然後，到低年級說自己所設計的故事，最後，引導低年級學生練習重述故事。

　　用一個教學活動，同時帶動兩個班級的學習，結合兩班的閱讀課，讓孩子徜徉在故事的甜漿裡，讓寫故事、讀故事、聽故

事、說故事成為故事教學的循環。

 點子狂想運作

　　要能夠創作出一本精彩的繪本故事，我從學生自身的經驗著手進行。我問學生：「有沒有讓你印象深刻的繪本故事呢？也許是故事情節精彩，也許是畫風可愛，也許是你也發生過這樣的事情。」

　　我請各組的組長幫忙調查，再從學生的答案中，進行歸納。在這次的調查，最讓同學印象深刻的一本繪本是《雲上的阿里》，理由皆為「很感動」，而從學生的答案中，我們發現一本好的繪本故事，必定是能夠引起共鳴，一起體會感動。

一、創作繪本故事

　　我在網路上購買了空白繪本，讓學生直接在空白繪本上來進行創作。我透過故事結構（背景→問題

出現→高潮→問題解決→評論）來引導學生創作故事，且在20頁的空白繪本中，該怎麼安排版面，讓繪本呈現一個完整的故事，避免虎頭蛇尾。我也導讀郝廣才先生的《好繪本如何好》，讓孩子一窺繪本的圖文祕密，站在比較高的高度看待繪本，從閱讀到創作，從被動到主動，將繪本的圖文祕密設計於自己的創作。這樣的繪本創作，需要花一段比較長的時間來設計，於是，我利用暑假期間，讓學生創作一本屬於自己的繪本故事。

二、發表繪本故事

要到低年級學弟妹的教室說故事時，我們先在教室裡練習一次，希望孩子可以靈活運用詞句和說話技巧，豐富自己的表達內容，也吸引閱聽者的注意。除了提醒音量、語速之外，更重要的是眼神的交流，學生總是不敢直視對方的眼睛，而如何克服心中的障礙，也成為在教室裡，很重要的訓練。在對低年級學生說繪本故事當天，每一個人要說故事給一位學弟妹聽，十分鐘後，再進行更換，說故事給第二個人聽，最後再由學弟妹進行評分，最高5分，最低1分。

說故事

三、聆聽繪本故事

高年級學生負責說故事，而低年級學生

則擔任聽故事的角色。在這活動中，低年級學生的最終評量為重述故事內容，所以孩子必須很仔細的聆聽，掌握故事的內容。

四、重述繪本故事

低年級學生聽完故事後，必須依據故事結構，重述一次故事給學長姐聽。此時兩人的角色對調，以此來訓練二人聆聽與口語表達練習。低年級學生在重述故事內容的能力，還是需要他人的協助，這時高年級的學長姐，就能代替教師擔任起鷹架的角色，並從低年級學生的回答，反應自己在說故事的吸引力。

 加速增強功力

如何自己創作一本繪本，是國語文與美感的呈現，也是跨領域的閱讀寫作體驗。

一、規劃進度

孩子在創作繪本故事時，必須設定自己的創作進程，以免耽誤進度。而在繪本創作的歷程中，也讓學生自行解決遇到的難題，例如，如何設計有互動的繪本，蝴蝶頁該寫下哪些內容等等。

二、美感創作

繪本的創作，除了要能呈現故事，還要能以圖像來吸引讀者注意，而且繪本中的圖像，會藏著一些小祕密，讓讀者在發現

時，驚覺創作者的巧思。透過在藝術創作中，促進多元感官的感受，並提升自己的美感經驗。

三、人際互動

在與他人互動時，學生能夠適切運用語文表達能力來說出自己的看法。在這個教學活動，高年級和低年級的學生是合作的夥伴，同時擔任聽與說的角色。其實聽的正確才有辦法說得好，而透過合作中，大手牽小手的模式，讓高年級學生感受溝通的重要。

素養教學眉角

這個活動結合國語教學中的聽、說、讀、寫、作，並進行跨年段的合作，讓學習1+1>2，要注意哪些事情才能讓活動流暢？

這個活動動用了兩個班級，花了一點時間，繪本創作的部分，適合在寒暑假進行，而開學第一週剛好是學校的「友善校園週」，到低年級進行「大手牽小手」的活動，再適合不過了。

要到低年級說故事前，我們先在教室進行，以「兩人一組」相互說故事，並請同學給出建議。孩子在說故事給低年級學弟妹聆聽時，他們發現有些學弟妹並不專心，甚至無法靜下來聆聽，在這之前，老師也給了行前訓練，例如，提問、有獎徵答、肢體語言互動等。

後記日常說說

繪本總是能夠引發孩子的想像，透過圖像、文字，以及巧妙的情節安排，讓孩子快速翱翔於書中的奇幻世界。我們從小至大讀了這麼多的繪本，如果可以自行創作一本繪本，從閱讀提升至創作的層次，可拉高學生的學習

我們就是行動繪本館

動機；並與其他年段進行合作，以大手攜小手的方式，同步帶動兩個班級的學習，是不是一舉兩得呢？班上所有的同學，就像是一座行動繪本館，有我們身影之處，就有故事存在，一起來為愛朗讀吧！

補充包請+1

空白繪本在我的教學上，幫了不少忙，除了讓孩子自己創作繪本外，我也曾經讓孩子收集自己的寫作作品張貼在上頭，成為孩子的第一本創作集，還能請家長寫推薦序，這本創作集就是孩子的傳家寶貝喔！

最懂你的就是我

人物特點大搜索

 日常點子起頭

　　看著電視上的模仿明星，模仿著目前當紅的發燒人物，而且竟然在人物間轉化自然，一張嘴，一舉手，一投足，我的腦中就浮出了畫面，內心深感佩服，在心裡思量：「為什麼他可以模仿人物惟妙惟肖呢？從一句話或是一個動作，就能知道被模仿的對象是誰。」原來，當我們掌握了人物的特色，就能使對方的形象浮出畫面。

　　此外，孩子在中年級時，在課本內讀了大量的人物故事，對於自己身邊的人，孩子們有感受到周遭同學的特點嗎？於是，我設計了一個活動，讓孩子感受班級同學的特點。當時這個活動是在孩子中年級升高年級前，算是在分班前的特殊活動。

點子狂想運作

一、卡通猜一猜

老師以口述方式說出該卡通人物的特點，並請同學猜一猜是哪一位卡通人物，也要說出理由。老師可以找出該卡通人物的圖片，用圖片來揭曉答案，會更具畫面感。藉此訓練掌握人物特點。

卡通人物	特點1	特點2	特點3
花媽	頭髮捲捲的	身材圓圓的	嘴巴大大的
胖虎	愛唱歌	歌聲難聽	會欺負同學
柯南	穿西裝加短褲	大圓框眼鏡	紅領結

二、籤筒搖一搖

老師設置全班姓名籤筒讓同學在籤筒裡抽一枝籤，抽到的對象，不能讓其他人知道。

三、人物寫一寫

學生在小白板正中央，畫一個正方形，在正方形的旁邊寫出四個該人物特點，中間的正方形則請同學畫出同學的肖像。請同學把寫完的白板貼在黑板上，並寫上自己的編號。

三、人物猜一猜

同學前往黑板處，觀察小白板中的文字和圖像，將自己猜測的班級人物寫在格子本中。

四、人物說一說

老師依序公布答案，並請被寫在小白板中的人物，現身和大家說幾句話，表達這兩年與大家相處陪伴之感。

一旦掌握了人物特點，就掌握了關鍵，會讓人物形象更有畫面。透過這個活動，也讓班級氣氛更加活絡，有些孩子的觀察特別敏銳，找到老師也沒發現的特點。

加速增強功力

小小偵探就在你身邊，觀察力的訓練是提升寫作的重要關鍵，國語文結合猜謎，讓國語課更好玩喔！

一、神奇觀察力

孩子在學習過程中，除了要回想同學的特性外，更需具有觀察力，找出對方的特點。

二、關鍵精準力

孩子寫下的四個特點，不能太過於籠統，在這活動當中，孩子下關鍵詞的能力日趨進步，班上有個「馬尾小女孩」，只要一看到「綁馬尾」的關鍵詞，大家都可以聯想到她。掌握特點是記敘文寫作的重要祕訣，不然，每次要寫「我的老師」的作文時，總是寫：我的老師頭髮長長的，眼睛大大的，嘴巴小小的。如此

一來，全世界的老師都長得一模一樣了。

 素養教學眉角

　　哎！怎麼辦？老師，他把我故意醜化？老師該如何事先避免，讓孩子看見對方的優點呢？

　　在小朋友發想寫同學特點時，有些人會寫同學的缺點，如：衣服總是很髒，或是嘴巴像香腸一樣。此時老師要特別注意孩子的用詞，避免讓活動失焦。若能寫出同學正向的特點更好，避免無意中傷害了同學。

　　老師可以在黑板上張貼一張白紙，然後用黑筆在紙上畫一個點，請學生觀察看見了什麼，大家都看到了黑點，卻無看到一片

白，這可以引導孩子說出要尊重同學的特質，避免只看一個黑點
（缺點）而忘了更多的白色（優點）。

後記日常說說

　　這個「人物猜一猜」的活動，和桌遊「妙語說書人」有幾分
相近，很適合中年級以上的同學進行，除了要考驗學生的觀察力
之外，更要能精準的確立特點。並非所有人天生善於觀察，觀察
力的培養，是透過不斷的學習和訓練，從觀察中實際感受點滴，
才能不斷的累積和提升。我們可以從身邊的人事物開始進行，做
一個有心人，隨時留心觀察身邊的人物，會讓自己的雙眼更加敏
銳喔！

補充包請+1

　　這個人物特點的活動，我曾經融入教師節活動中，在學校的布告欄
張貼老師的童年照片，並寫上二個老師的特點，讓全校同學猜一猜照片
裡是哪一位老師，翻玩「猜猜我是誰」的活動，每個孩子都玩得不亦樂
乎呢！

Part4 自我解鎖 ING

這本書中，我們提供了1+25個超素養的班級經營教學活動，不但期望老師們可以試著實際操作，運用於班級教學裡，讓班級或教學up！up！up！更希望能將各類活動變形升級再進化，創造一個完全屬於自己風格的班級品牌！為此，我們設計了一個玩家版的「素養教學賓果連線」，讓各位化身教學玩家來闖關，除了可以自我挑戰，更可以揪團「朋友隊」來快「素」解鎖教室內的日常。

素養教學賓果連線

玩法說明：

1.玩家完成一項活動，可以在右下「○」處，塗上顏色。

2.只要「直」、「橫」、「斜」五個格子均完成，就可以賓果連成一線。

3.一學年結束後，結算連線結果，並參考「賓果連線等級表」。

4.玩家可設定時間，自我挑戰完成25格、12條連線，解鎖「教室日常」素養教學。

賓果連線等級表

等級	連線條數	素養玩家等級說明
一	1-3	恭喜你！成為優秀素養職人，等級一的你，已經走在素養教學的道路上囉！
二	4-6	我94強！恭喜你已經成為超凡素養能手，達成二級的你，可以和夥伴分享使用心得囉！
三	7-9	我的老天鵝啊！晉級到三級，可以是超級素養高手了！
四	10-11	OMG！等級四根本是達人級了，就差一點點，可準備迎接素養成就解鎖了！
五	12	不多說，頂尖素養神人解鎖完畢！班級經營與教學對你簡直是易如反掌，變成日常了。

日常素養賓果連線

Free style
研究

聖誕節不只
是聖誕節

打工組
招募ing

閱讀
格子趣

選填班級
內閣

最懂你的
就是我

我是
直播主

行動
繪本館

讓你
秒懂我

用才藝
做公益

老師的
小北百貨

Foodpanda
上線

跟著一天
時間走

教室就是
夜市

教室公投

勸世寶貝

班級願望
清單

自造課動手
玩設計

我省思，
我驕傲

班規，
畫給你看

期末
大健檢

開社團囉！

生字
碎碎念

誰來午餐

冠軍錦旗
由我設計

彩蛋發想

大家也都太厲害了吧！

成功解鎖25個班級經營超實用活動，

所以……最後的最後，

當然要再送上一個驚喜彩蛋。

讓你在班級經營與語文教學上，

功力倍增，精采爆表！

打開彩蛋

在班上，每個人都能成名一日
就是要寫對全班同學姓名

 日常點子起頭

當過老師的人都知道，在班級經營，常會碰到學生寫錯或講錯別人名字的經驗，常常同班二年了，還寫錯念錯同學姓名的大有人在！或是當爸媽回想與孩子對話的經驗中，常常聽到自己孩子提起某些同學，卻永遠不知道那些人的名字如何寫，只能聽音猜字！

明明念對或寫對他人「姓名」是一件重要的事，只是長久被大家給忽略或被歸在「本來就應該要會」的那一區啦！

不過，好在現在的小學生態中，導師通常會教國語！這時你就可以借用語文課程，來個延伸活動，正大光明將「一日名人」帶出場來玩。想想安迪‧沃荷（Andy Warhol）曾說過這麼一句話：「在未來，每個人都能成名15分鐘。」老師，也能讓每個學生在班上成名。

想一想，國語課本中經常出現「名言佳句」，通常還會伴隨著「人物」出現，只是過去我們背誦或認識的是名人或偉人，現

在我們就能來個跨域結合班級經營，利用「一日金句」搭配「一日名人」，達到「寫對全班同學姓名」為目標，一次解決在班級經營中屬於頻繁等級的惱人問題——經常寫錯同學姓名。

透過每一個學生都當一日名人，分享一日金句，全班每個人用心正確記錄下來，不但每個學生都能寫對了彼此姓名，還能當一日名人，在經營班級中凝聚學生向心力與提升學生自信心的同時，同步升級孩子的語文學習力。

加速增強功力

不管在低中高的國語課本中，都會出現「名言佳句」，這時就是老師帶出這個活動的最佳時機！讓每個人自己發想「金句」，活動名稱可以自己想或是全班共同討論，例如，一日好話、每日佳句、我的肺腑之言等等。

活動當然要扣緊班級經營「寫對每個人的名字」進行，讓「金句×人名」可以一次達到班級經營與教學之效，讓活動成效的cp值爆表。

一、課本名言佳句

老師先從課本名言佳句開始再延伸此活動，讓學生了解名言佳句的意義。句子與人名的呈現方式，如下所示：

◎ 安迪・沃荷曾說：「未來，每個人都有成名15分鐘的機會」

也可以：

◎ 未來，每個人都有成名15分鐘的機會──安迪・沃荷

學生也可分享曾經聽過或知道的名言佳句，如果可以同步說出名言佳句出自哪位人物就更具教學意義。

二、換人說說看

接著，引導學生「換句話」說說看，從課本或聽過的名言佳句去模仿、改變或創新，這樣可以讓學生更容易了解文字如何經過精煉，設計出簡潔有力又富意涵的「金句」。

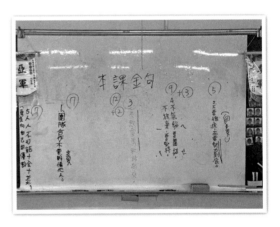

而金句發想來源與素材可以從生活經驗中取材，金句的字數與排列方式，都可以經過巧思設計，如此一來，所發想出的金句會讓閱讀者讀起來更順暢，重點是能讓自己與他人從中得到啟發或道理，甚至一舉打中人心，成為超勵志的座右銘。

三、一日金句

當學生理解如何設計發想金句後，就是學生金句登場的時刻！善用每天抄寫聯絡簿時間，一天一位名人登場來寫一句金句並口說分享，透過上臺分享，學生在口語表達、上臺態度上也都能同步學習。

至於順序的安排，老師可以透過引導或結合班級經營的獎勵制度，讓更多人自願提早登場當名人，全班學生則同步將每日金句寫於聯絡簿上。

四、一日名人：寫對每個人名字

「一日金句」是為了鋪陳後面的「人物」登場，所以務必藉由「一日金句」結合「寫對每個人的名字」，帶出「一日名人」。

所以當金句×姓名，就成了完美組合！透過「一人金句，一日名人」每位孩子都能有機會當上一日名人，上臺分享自己的金句。當然了，重點是可以當「一日名人」，鄭重介紹自己與自己

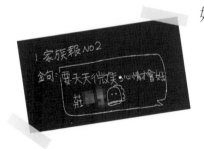

姓名，教大家書寫出正確姓名。讓班上每個人都能正確寫出彼此的名字，這不但是一種互相尊重的表現，也是一種品格教學，更是能凝聚班級的向心力。

五、開啟親子對話窗口

　　親子部分，爸媽每日簽聯絡簿時，也能同步知道與認識孩子的同學，或許哪天就看到平時常聽孩子提起的同學，名字原來是這樣寫的！心中疑惑頓時秒解！甚至可以藉由每天的「一日名人」開啟聊天話題，與孩子對談在校生活情況，也能從中了解孩子的人際關係。這些成效都能讓老師在班級經營上更得心應手。

 素養教學眉角

　　這樣的活動很適合在接班的第一學期進行，如果都沒類似的文本可著手，也可以請學生以「每日好話」的方式來進行。而在活動中，老師也可以針對幾個常見的點做不同的引導，會讓活動成效更佳。

一、每日一字教學

　　臺灣人取名字、許多字都千奇百怪，所以老師更可以藉由這樣的教學活動，帶著學生好好認識並尊重每一個人的姓和名，不但要讀音正確，字也要力求精準，針對比較特殊或易錯的字還可以來場每日一字教學或是形近字教學，針對名字諧音易造成的綽號或嘲笑，透過字的視覺呈現，更能教導孩子彼此尊重，降低往後班級經營上的衝突或困擾。

二、創意發想的尊重

有些孩子會在自己姓名後面加上「帥哥美女」或其他稱號，還會在金句上額外加個邊框畫個插圖，老師都能對這樣的創意給予尊重與鼓勵。班上學生會問：

「老師，他寫帥哥，要不要照抄啊？」

「他畫的那個插圖要畫一樣嗎？」

「當然~~請尊重每個人！所以力求一樣喔！因為下次換你時，全班也會這樣寫。」

除非不文雅或不適合的插圖，老師在介入即可，當你尊重每個孩子的創意時，就會激發後面更多的創意與靈感！

三、金句過於雷同

當有些金句的句型或元素過於雷同時，老師就可以提出來共同討論，盡量以鼓勵的方式取代否定，讓每個人的金句在獨一無二的同時也都能被尊重及肯定，畢竟不是每一個學生的語文力都那麼強！但是絕對能透過學習模仿再造，提升自己的語文力。

而且別忘了，你的活動目的是什麼？沒錯！就是「寫對每個人的名字」為優先呀！

後記日常說說

　　我想多數老師在開學時一定就讓每個學生登臺自我介紹，同學也多能彼此喊出名字，但聽歸聽，喊歸喊，如果沒有了「寫」這道功，二年下來，不會寫或寫錯同學姓名的大有人在呀！但明明「正確寫出他人姓名」是對每個人最基本的尊重，也是班級經營中重要的一環，但往往就這樣被忽略掉了！

　　而名言佳句隨處可見，有些經典名言還真不能不認識不記住！但除了知道及背誦這些名言外，能讓孩子藉由模仿到發想，結合自己生活經驗與學習內容，設計出自己的金句並與大家分享，這才是語文學習升級版的一環！

　　所以，老師可以借用語文課來個「1+1大於2」的延伸教學，結合班級經營並搭上安迪‧沃荷（Andy Warhol）的名言，讓每個學生都能有機會在分享金句的同時，當上一日名人，鄭重介紹自己的名字並正確書寫出來；讓爸媽在簽聯絡簿的同時，也能一一認識孩子的同學，可說是一舉數得！

親愛的老師，你發現了嗎？

這篇彩蛋的部分內容跟哪一篇「似曾相識」？

哈哈，沒錯！就是〈勸世寶貝——金句撕撕樂〉

有看出二篇的差異點與亮點了嗎？

其實，許多看似雷同的教學或班經活動，

每天都在全國小學教室日常上演著，

但隨著教學者的目標、主軸、方法、情境與跨域等因子的改

變，每個活動，最後都呈現出獨一無二的亮點。

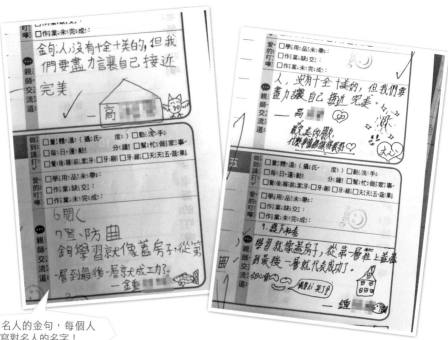

一日名人的金句，每個人都要寫對名人的名字！

現在，

換你想一想，當你在班上實施這個活動後，

你解決了哪些問題呢？

有沒有獲得意外的教學或班經成效？

或是逆向思考，

你是想解決什麼問題才會想實施這個活動？

又或者讓思考更跨越，

你是否已經想出不同的活動來達陣？

「就是要寫對全班同學姓名」！

其他篇呢？開始轉化發想吧！

補充包請+1

　　每個教學或班級活動都有它的本質與目的，能深入「人」心、深得「童」心、切中「靶」心，讓活動可以在你每一屆每一個班延續下去，相信自己，這就會是一個最棒的活動。變成你的教學日常，學生也會因你增強了解決「日常」生活的能「力」。

國家圖書館出版品預行編目資料

小學教室的日常力/賴秋江, 林用正文；王秋香圖.
-- 初版. -- 臺北市：幼獅文化事業股份有限公司, 2021.02
面；　公分. --（工具書館;16）
ISBN 978-986-449-212-1(平裝)

1.班級經營 2.小學教學

523.7　　　　　　　　　　　109019610

・工具書館016・

小學教室的日常力

作　　　者＝賴秋江、林用正
繪　　　者＝王秋香
　　　　　　林貞妤（篇名頁插圖）
出 版 者＝幼獅文化事業股份有限公司
發 行 人＝葛永光
總 經 理＝王華金
總 編 輯＝林碧琪
主　　　編＝沈怡汝
編　　　輯＝張家瑋
美術編輯＝李祥銘
總 公 司＝(10045)臺北市重慶南路1段66-1號3樓
電　　　話＝(02)2311-2832
傳　　　真＝(02)2311-5368
郵政劃撥＝00033368

印　　　刷＝龍祥印刷股份有限公司
定　　　價＝340元
港　　　幣＝113元
初　　　版＝2021.02
三　　　刷＝2023.08
書　　　號＝988152

幼獅樂讀網
http://www.youth.com.tw
e-mail:customer@youth.com.tw
幼獅購物網
http://shopping.youth.com.tw/

行政院新聞局核准登記證局版臺業字第0143號